慢慢活成
自己喜歡的樣子

走過十大自我洞察階段，活出豐盛的人生

好好生活家 艾迪蘇——著

目錄

前言
認識自己,活出你想成為的樣子　　　　　　　　　007

第一章
與其安定的不自由,
倒不如選擇充滿變化的人生

自我洞察階段 ①:　　　　　　　　　　　　　013
檢視目前的生活狀態

第二章
擁抱真實的自己,
生命也將產生奇蹟般的變化

自我洞察階段 ②:　　　　　　　　　　　　　029
向內洞察「先天能量」,了解你的性格特質

第三章

發現你的天賦，
讓你的獨特開啟生命的美好

自我洞察階段 ③： 　　　　　　　　　　　　　　055
向內洞察「先天優勢」，挖掘你的天賦才華

第四章

我們無法改變過去，
但永遠可以出發尋找答案

自我洞察階段 ④： 　　　　　　　　　　　　　　081
向內洞察「後天強項」，設定目標，培養強項

第五章

人必須忠於自己，
才是活出真實自我的唯一途徑

自我洞察階段 ⑤： 　　　　　　　　　　　　　　093
向內洞察「核心價值」，釐清內在真正重視的事情

第六章

追尋心中的熱愛，
你將活出更好的自己

自我洞察階段 ⑥： 　　　　　　　　　　　　　　　　115
向內洞察「興趣熱情」，找到深切熱愛的事情

第七章

沒有什麼比真心渴望，
更能創造理想生活

自我洞察階段 ⑦： 　　　　　　　　　　　　　　　　141
向外建構「理想生活」，確立真心想做的事與渴望的生活狀態

第八章

每段獨特生命的旅程都帶有使命意義，
無論大小皆能影響世界

自我洞察階段 ⑧： 　　　　　　　　　　　　　　　　163
向外活出「使命感」，勇於帶來正面影響，賦予生命旅程更寬闊
的意義

第九章
在時間感模糊的時代，
生活節奏感就是生命的指引

自我洞察階段 ⑨： 179
自我實現三大習慣，由內而外打造理想生活

第十章
AI 時代，成功屬於活出自我價值的人

自我洞察階段 ⑩： 189
自我實現三大步驟，打造「有靈魂的個人品牌」，綻放獨特價值，創造影響力！

後記
好好生活 199

前言

認識自己，
活出你想成為的樣子

「想像力比知識更重要。因為知識是有限的，但想像力卻包含整個世界與文明的推動，以及揭開未來我們將知曉與理解的一切。」
——愛因斯坦（Albert Einstein）

　　大家好，我是艾迪蘇。目前是「Goodlifer 好好生活家＿自我成長平台」的經營者，同時也是「我會好好生活」Podcast 的主持人。過去，我曾在廣告業耕耘了將近十年的時光，感謝這段旅程帶給我無數的學習與成長上的滋養。而在職涯的尾段，我選擇聆聽內在的聲音，勇於追尋未來的想像，一邊工作一邊跨出舒適圈，展開了諸多的嘗試。這段自我實踐的歷程，悄然間引領我踏入自我認識的旅程。

　　在這條路上，我成為色彩能量療癒師、自我洞察諮詢師與教師、生命靈數解讀師等自我探索領域相關的身分。無形中，形塑了現階段理想的樣貌與生活。

曾經的我與很多人一樣，站在人生的十字路口，對未來感到迷茫、不知所措，也曾經在嘗試的過程中，追逐著外界認定的成功標準，一度走上看似有所展現，卻未必適合自己的道路，過程中越走越不踏實，甚至感到不快樂。直到某一段時間，在情緒低谷的狀態中，我開始從外在追逐轉向內心的探索。不可思議的是，當我真正開始認識自己，頓時間，人生的方向與清晰感，竟如花綻放般從眼前展開。從未想過，因為對自我理解的熱忱，進而成為了相關領域的工作者，並且開始逐步活出更真實、更美好的自己。

　我深刻體會到：**生命的答案，往往來自於自我認識，同時勇敢地去想像，並選擇活出自己真正想成為的樣子。**

　許多人都會迷失於「尋找正確的自己」這個問題，但是尋找到最後你會發現，**生命的答案，往往不是來自於尋找，而是你每一次的想像，與做出的選擇。**

　所以才有那麼一句話說：「你會變成你選擇成為的人。」要變成怎樣的人、過怎樣的生活，都是一種選擇。**很多時候，我們以為人生只有一種標準答案、一條適合的路徑，又或者自己就只是哪種「人格」與「類型」，但事實上，我們的選擇遠比既有條件，更能顯示出生命的真實樣貌。**因為，你的選擇，會帶你去學習與累積經驗，相較過去你掌握了不同於以往的籌碼，進而慢慢

形塑了新的特質、樣貌與生活。所以，生命最重要的不只是改變，而是創造自己。當你越認識自己就會發現：

- 真實的你，從來不會只有一種樣貌。
- 人生的道路，從來不只一條。

生命的歷程，無論在哪個階段，只要你心中仍懷抱渴望，對未來依然存有想像，就有能力揭開屬於自己下段旅程的新方向與新意義。要做出決定，與選擇自己未來人生的方向，從來都不是一件容易的事，但我們永遠可以更勇敢。

寫這本書的目的

第一，支持渴望認識自己的人

活出真實的自我，並非馬上放下一切立即去追尋理想的樣貌，而是在這個時代，相信我們可以一邊工作，一邊探索內在真實的渴望。**要相信，你永遠有能力，選擇自己想成為的人，而這一切的關鍵在於：認識自己**。在自我理解的歷程中，每一次的選擇、每一個目標的實踐，都將引領你活出更真實的自己。記住，是你的目標形塑了對於未來的期待，是你的期待引發了持續的行動，

是你的行動創造了未來。接下來本書將一步步引導你認識自己真實的本質,進而拓展出屬於自己的真實樣貌。

第二,引領渴望創造理想生活的人

理想生活不僅是財富自由或時間自由,而是基於發揮你獨特的天賦與價值,建構出理想狀態與生命意義。唯有先走一趟深度的自我洞察之旅,掌握生命獨有的本質與各層面的渴望,才能與外在世界建立更好的連結,創造理想的生活。

第三,鼓勵大家成為好好生活家

什麼是好好生活家(Goodlifer)?好好生活家,是指一個人從自己的本質出發,在生活中先向內探索自我的內在世界,包含性格、天賦、核心價值、熱情、內在渴望,甚至使命感等,同時創造出屬於你的「生活價值」,並將此落實於生活之中,活出真實且有力量的自己。

然而,活出理想自我的關鍵,不僅在於「自我洞察力」與「未來想像力」,更在於「落實與行動」。很多時候,即使有再清晰的自我認知與未來想像,如果沒有相對應持續的行動力,理想終會停留於想像之中。記得,**理想的樣貌,從來都是選擇與持續行動而來。**

你一定要相信，你值得活出你想成為的樣子。真正的關鍵便在於：

- 你有多認識自己？
- 你是否敢於想像那個理想的未來？
- 你打算做出什麼樣的選擇？並且義無反顧地去實踐。

請相信，你絕對有能力活出自己想成為的樣子。

接下來，本書將帶你走過自我洞察的十大階段，幫助你找到屬於自己的生命線索，進而形塑出下段旅程、屬於你的理想生活。在十大自我洞察的過程中，我們將一起肯定你的性格本質、看見你的天賦才華、確認核心價值、發展興趣熱情，與看見現階段的使命意義，打造獨一無二的理想生活。同時本書更將與你分享在這個自媒體時代，自己的價值與成功、自我定義為何，帶你一起建立富有獨特色彩的個人品牌。

自我洞察十大階段地圖

1 檢視目前的生活狀態

2 向內洞察「先天能量」
了解你的性格特質
對應生日數、命運數參考

3 向內洞察「先天優勢」
挖掘你的天賦才華
對應生日數、命運數參考

5 向內洞察「核心價值」
釐清真正重視的事情
對應生日數、命運數參考

4 向內洞察「後天強項」
設定目標，培養強項

6 向內洞察「興趣熱情」
找到深切熱愛的事情
對應生日數、命運數參考

7 向外建構「理想生活」
確立真心想做的事
對應命運數參考

8 向外活出「使命感」
賦予生命旅程更寬闊的意義
對應命運數參考

10 自我實現三大步驟
打造有靈魂的個人品牌

9 自我實現三大習慣
由內而外打造理想生活

第一章

與其安定的不自由，倒不如選擇充滿變化的人生

自我洞察階段❶：
檢視目前的生活狀態

播下使命的種子，縱身一躍交給宇宙

很多時候，我們好像都習慣性地在等待一個訊號、指引、甚至是天啟，來告訴我們向前行，去做吧。我們對未知、新事物往往感到恐懼，但殊不知這是成長無可避免的過程。若你也對生活感到索然無味、對未來感到迷惘，我想說的是勇敢前行吧！即使宇宙想要支持你，也需要你先縱身一躍，將命運拋向未知。當你不斷感受到內心的召喚，不要選擇持續安定，去選擇勇氣而非恐懼；不要想著會不會失敗，而是思考著你想過怎樣的生活、成為怎樣的人，我相信你會感受到生命真的充滿無限可能。但這個前提是要給自己一個機會，勇於去體驗、去嘗試，為自己勇敢一次。

2020年疫情爆發那年，可以說是我職業生涯的轉捩點。我相信

那一年對許多人來說也成為一個契機,我開始跳出舒適圈,展開諸多的嘗試。當然,一開始我跟很多人一樣,不知道自己到底可以做什麼、嘗試什麼,但是我永遠記得一句話:「如果不知道選擇哪一條路,就隨便先選一條路吧,然後走下去就對了。不要擔心搞錯,你不會失敗也不會錯,因為你所選的路,就是原本該走的路。」

於是,我開始嘗試重拾過往的興趣畫畫,開始一邊圖文創作一邊於網路上分享。回想那一陣子,雖然很多時刻我也不清楚自己到底在幹麼,但至少心中擁有一股想改變的渴望。畫了好一陣子後,總覺得畫畫社群不容易經營,也思考著這項興趣真的是我的熱情嗎?

那時的阻礙與困惑,讓我開啟另外一個社群,也就是目前「Goodlifer_ 好好生活家」的平台。這是一段十足寶貴的自我成長歷程,讓我更深一層地認識自己,更進一步的看見自己,甚至「創造自己」。所以,如果把經營社群當作自己的成長紀錄,是簡單且有意義的,甚至令人感到興奮。因為那不僅是你的成長軌跡,更深層意味了你想為自己寫下什麼樣的故事。你會發現這條成長的路徑,是每一個選擇決定了故事走向,而每一條分岔路徑都能看見自己不同的面向。

記得那年大家很瘋迷經營網站創造被動收入,我也一股腦地從

零學習架設網站、經營網站、SEO流量導入等，大概花了一年左右就把網站經營起來，被動流量當時已達到近百萬，被該領域的各家領導品牌看見，創造了實質的主動與被動收入。有一段時間，我甚至只要寫一兩篇文章就能獲得超越當時的月薪收入，這樣的成果確實帶給我很大的成就感，對於努力有所回報這件事更加肯定，也看到未來的一道曙光。

於是，很長一段時間我腦袋追求的只有數字，每天想著如何創造更多流量、帶來更多實質的收穫。不知道從什麼時候開始，我感覺自己就像機器一樣工作，這件事情沒有持續地帶來持久且踏實的成就感與快樂。我問自己：「這真的適合我嗎？如果適合的話，為什麼我會不快樂？」也因為這個困惑，我開始尋找答案，透過自己較熟悉的閱讀方式，試圖從中探求到底什麼是幸福與快樂？

後來在心理學看到亞里斯多德的指引：「真正的幸福快樂乃是基於努力自我實現而產生。」自我實現指的是個人在日常生活中，透過發揮內在的潛能優勢，以滿足自己重視的需求與價值觀，進而創造出美好的生活狀態。（幸福／快樂的古希臘文「eudaimonia」就是由「eu（美好）」與「daimon（真實自我）」兩個字根組合而成，換句話說，實現真實的自我就能夠完成美好的人生，打造出真正的幸福快樂。）這個觀點啟發了我——我的真實自我是什麼？

於是，我試圖從不同層面更進一步認識自己。讓我印象深刻的是，某個瞬間內心突然有個念頭：「如果哪一天，我也可以幫助別人認識自己，去發掘自己更多的自我價值，好像是一件很棒的事情。」就是這樣一個念頭，為自己下一段旅程埋下一顆種子。所以，不要小看你種下的一個微小念頭，它會發芽的。

因為這個念頭，讓我思考未來如果要成為支持更多人了解自己的角色，需要一項專業或技能，才能有所施展。在生命的指引之下，我成為色彩能量療癒師，這項專業主要是支持每個人認識自己的靈魂本質、生命各層面的進展狀態，帶來身心靈各層面的能量療癒。後來，在展開色彩能量的諮詢過程中，由於對於自我理解的領域深感熱情，進一步研究了相關的諮詢技巧，並不斷結合於每一次的諮詢，也從中感受到對於幫助別人認識自己這件事情，不只是一項興趣，甚至感受到熱情的存在。好像無形中把這股熱情當成生命歷程中的一項使命，也或許是使命感的形塑，為自己牽引出更多條道路，也拉高了更高的視角與視野。

生命中你能做什麼、可以做什麼的關鍵，絕非僅在於你是什麼性格類型，而是你對於某件事情、某個理念具有使命感。從那一刻開始，不斷在追尋與實踐使命的歷程中，這個原本的「你」，也在經歷著大幅的重組與創造，而且未來還可能持續創造著。

使命的概念：在心中設立一個對你與他人來說深具啟發性的目標，它源自你的內在渴望與信念，光是追求這個信念，就足以帶來創造人生的力量。它是一個挑戰，但挑戰背後也看見更多層面的自我價值與生命意義。
使命感，不是「找到」，而是你的「選擇」，是你決定要讓自己投入其中。
使命感，是在心中的高山上，向宇宙宣告這項目標。
使命感，是你接住自己、創造自己，甚至帶來一種幸福意義的強大能量。
使命感，是你透過這項目標讓自己和世界變得更美好。

所以，如果能在心中找到一種使命感，由它來推動與指引你，生命也將具有高度的靈活與可塑性。你的每一個決定將不再只是為了逃避痛苦，而是能夠創造自己，形塑你想成為的樣子。

回過頭看，沒想到就是當初在心中種下的一顆小種子，引領我成為色彩能量療癒師、自我洞察諮詢師與教師、生命靈數解讀師、NGH 催眠師等，甚至主持了「我會好好生活」Podcast 百大職人系列，採訪各領域的優秀職人，也帶我看見更多屬於每個人獨特的自我價值，導引出一個又一個精采的生命故事。所以，在展開活出自我的冒險旅程之前，縱身一躍吧！**你先行，宇宙會接住你的**。如果你還在等待一個訊號或指引，看到這段文字就是你的訊號與許可證。請先好好深呼吸，勇敢躍進未知的世界。

生命軸上的叩問

每個章節後面都有一個自我洞察的階段性思考與練習，希望帶大家在跳入未知世界之前、向外做出每一個選擇之前，都能先好好地「向內洞察」，藉此覺察生命歷程的每一個狀態。在過程中感受那些生命的線索，哪怕只是一個感覺、一個體悟、一個想法、一個念頭，都很有可能是打開生命之門的一把關鍵鑰匙。首先在正式進入自我洞察內向探索之前，先帶大家檢視目前的生活狀態、你身在何處、你要去哪裡等。

生命軸線上三個永遠的問題：

- 第一，我是誰？
- 第二，我要去哪裡？
- 第三，我要怎麼去？

這是生命軸線上永遠存在的三個重要問題，我們要時時刻刻覺察它們的存在並與以回應。無論你走在人生道路的何時、何地，無論你處在何種階段與視角，都可以隨時做出回答。但是，你也要理解，即使現在的你暫時無法回答，又或者不斷地修修改改，也要有意識地在每天的生活中，試著開始探詢這些問題，也試著去自問自答，相信會有不同於以往的理解。你會慢慢發覺，這三個問題將是你認識自己很重要的幾扇大門。接下來的每一條路徑

都是依循著這個大方向展開,就讓我們一起開啟一場自我洞察之旅吧!

時間用來做什麼,生活就是什麼。生活累積了什麼,生命也就成為了什麼。但「你」是誰?重要的不是管理了時間,而是管理了「生活的意義」。好好認識自己,我們才能「更有覺知」地好好生活,更有覺知地活出那個內在真實的自己。

這世上最公平的就是時間,每個人一天都擁有二十四小時可以運用。不同個性特質的人,在使用時間上的表現方式也各有不同。有人透過努力把時間轉化成財富,有人把時間運用在冒險挑戰,有人把時間投資在健康,有人把時間分享給親情、愛情、友情,有人把時間放在舒適圈,有人把時間停留在過去的種種悔恨與錯誤失敗。

這些時間形式的轉化沒有對與錯,僅只是一種轉化形式。所以千萬記住:「你把時間用來做什麼,生活就會是什麼。」它可以變成金錢、可以變成健康、可以是精采的生命歷程,全看你如何運用。

美國史丹佛大學的著名心理學家菲利普・金巴多在代表作《你何時要吃棉花糖?》中,從心理學、經濟學、社會學和生命哲學

等不同面向,以多元的角度去探究時間觀,更提出了開創性的時間觀點,他認為:「時間比金錢更珍貴,而人們卻渾然未覺。」我們不會隨便把金錢贈與他人,更不會丟棄金錢,但是世上為什麼有那麼人可以肆意虛度光陰、揮霍時間?

金巴多提出了西方世界最常見的六種時間觀,經過多年研究、同時結合諮詢治療實踐,開創了「時間觀療法」。此療法暗示我們可以透過思考過去、現在、未來的方式,試著將注意力聚焦在當下與轉向未來,讓人更快樂、更健康、更具幸福感。

金巴多的時間觀療法從每個人對於時間態度有不同的展現方式,主要分為六種。這個時間觀療法幫助我們覺察自己如何看待和處理時間,幫助我們理解自己的觀念會影響使用時間的方法,也帶來一種新的可能性——我們可以選擇重構過去、詮釋現在和建構未來。

金巴多的六個時間觀

過去

正面時間觀
定義:懷念地看待過去,專注於幸福回憶與成就。

特徵： ◎ 感恩過去的經驗。

　　　　◎ 喜歡回憶過去的美好時光。

影響： ◎ 增強心理穩定感與幸福感。

　　　　◎ 有助於建立自信和安全感。

負面時間觀

定義： 對過去的經歷持負面回憶，專注於痛苦、失敗或創傷。

特徵： ◎ 經常懷念過去的失敗或不快。

　　　　◎ 容易陷入自責和憤怒。

影響： ◎ 導致焦慮、抑鬱或低自尊。

　　　　◎ 無法展望未來，缺乏動力。

當下

享樂時間觀

定義： 重視即時的快樂與滿足，追求感官的享受。

特徵： ◎ 喜歡冒險與刺激。

　　　　◎ 專注當下，享受當下。

影響： ◎ 提升當下幸福感和創造力。

　　　　◎ 可能導致衝動行為或忽略長期規畫。

宿命時間觀

定義： 認為當下或未來無法掌控，生活由命運或外力決定。

特徵： ◎ 對生活採取被動態度。

　　　　◎ 缺乏行動力與希望。

影響： ◎ 容易導致抑鬱和無助感。

◎ 無法對未來進行有效規畫。

未來

未來目標導向時間觀

定義：重視未來目標，為長期成就規畫努力。
特徵：◎ 計畫性強，專注於長期回報。
　　　　◎ 願意延遲滿足以實現大目標。
影響：◎ 提高成功率與成就感。
　　　　◎ 可能忽略當下的幸福與關係。

未來超越時間觀

定義：關注未來超越個人層面的目標，注重精神與靈性價值。
特徵：◎ 對生命有深刻追求。
　　　　◎ 更關注對人類或社會的影響。
影響：◎ 增強精神力量與價值感。
　　　　◎ 可能忽略個人生活的實際需求。

　　時間觀療法指出最好的情緒狀態是擁有高度的過去正面觀、較高未來時間觀，以及中度選擇現在享樂觀的混合。簡言之就是，好好喜歡你的過去，好好為將來而努力，也好好適時尋求當下的專注與享受。我在過去也是屬於較多比重的未來目標導向型時間觀，一邊工作一邊斜槓副業，為自己尋求更多可能性，同時透過不斷將注意力拉回當下，著眼於熱愛的事物，創造心流體驗。

金巴多過去 30 年來在 15 個國家,針對成千上萬人進行研究,探索時間對人類心理的意義。統計結果顯示,未來導向的人具有更好的習慣,做事深思熟慮、執行力高,是對未來有明確渴望、上進心的人,更能成為自己想成為的人,社會中的中流砥柱大多也是這類人。這簡直是成功人士和人生贏家的思維密碼。原來,他們看待時間的方法,從一開始就不一樣。

檢視目前生活狀態的思考與練習

思考方向:從過去、現在、未來的時間觀切入思考。

過去
練習 1:目前從事什麼工作類型?思考一下喜歡或不喜歡?為什麼?
現在
練習 2:目前時間都花在哪些地方?休閒時都在做什麼?
練習 3:用 2~3 個關鍵字形容自己最近的心情感受?為什麼有這些感受?
未來
練習 4:生命之輪練習。(你重視的主題與價值觀)
　　　　職涯專家通常會協助個案以「生命之輪」作為開始自我探索的

開端。裡面包含各種生命主題,主要分成兩大部分,右半部是「成就感」的實踐,左半部是「幸福感」的實踐,總共八個面向,可從中覺察自己眼下的生活關注度,是否對齊心中重視的主題與價值。同時也提醒我們,人生有許多不同的面向,有時這些面向的重要性不亞於工作,甚至比工作還重要。

練習的好處

◎ 看到生活的全貌。

◎ 覺察自己真正想做或在乎的事情。

◎ 開始進行優先順序安排、進行計畫。

◎ 找到自我平衡。

生命之輪練習

身體健康
- 體檢／睡眠
- 作息／運動
- 飲食／情緒
- 生病

自我實現
- 夢想
- 願景
- 想做的事

休閒娛樂
- 生活意義
- 增加自我能量
- 身心靈發展

財務目標
- 副業／儲蓄
- 投資／收入／支出

中心：幸福感　成就感

家庭關係
- 父母（關心）
- 伴侶（經營）
- 孩子（陪伴）
- 自己（接納）

職涯發展
- 角色
- 目標（拆分）
- 成就（堅持某事）

人際關係
- 辦公室
- 朋友
- 同學
- 夥伴

個人成長
- 發展特質
- 挑戰自我
- 學習
- 閱讀

寫下你在今年剩餘的時間，有哪些重點實踐方向與計畫。

目標一：_____。

目標二：_____。

目標三：_____。

練習 5：關於你的生日和忌日。

人的一生有兩個日子最重要，一是出生那天，一是離世的那天，中間這段歷程就是我們可以體驗人生與創造生命故事的時間。當一個人開始意識到未來的時間有限，就會開始改變原本的動機與優先順序，開始眼前的情緒需求。如果一個年輕人覺察到時間有限，他可能會開始勇於追尋自己內在的渴望。如果是一個中年人或老人知道自己時間有限，多半也會開始做些想做的事或感到舒服的事，像是把握時間去旅行等。現在試著假設你的死亡時間，更有覺知地認識自己一生可能的長度，寫下你猜測的死亡時間——你的忌日。例如：我希望活到 80 歲，大概剩 43 年左右的時間可以體驗人生。當覺察到時間有限，我想我們都會願意好好善用接下來的時間。

練習 A.

寫下你的名字與目前的歲數，預計你會活到幾歲。計算距離死亡還有多少時間可以體驗人生。

我 ＿＿＿＿＿＿＿＿＿＿＿＿＿＿＿，目前 ＿＿＿＿＿＿＿＿＿＿ 歲，

預測活到 ＿＿＿＿＿＿＿＿＿＿＿＿，我在地球上還剩 ＿＿＿＿＿＿＿＿＿＿ 年。

練習 B.

如果你知道還有多少時間可以活,什麼事對你來講是重要的?
你有什麼目標或夢想要追尋?

_____

_____

_____

回到一開始生命軸線上永遠的三個問題:

■ 我是誰?
■ 我要去哪裡?
■ 我要怎麼去?

　　為了更有效率地向外活出真實的自我,我們都應該先好好地向內探索,才能更清晰地選擇更有意義的未來方向。相信我們都能在這一條自我洞察的旅途中,看見更多的自我價值,甚至為這世界帶來更多美好的意義。**人應該恐懼的不是死亡,而是從未真正地活過。**

　　因此,好好認識自己,好好活出自己想成為的樣子。

✏️「自我洞察地圖」線索掌握

◎ 如果不知道選擇哪一條路，就隨便先選擇一條路吧，然後走下去就對了。不要擔心搞錯，你不會失敗也不會錯，因為你所選的路，就是原本該走的路。

◎ 亞里斯多德的指引：「真正的幸福快樂乃是基於努力自我實現而產生。」

◎ 不要小看你種下的一個微小念頭，它是會發芽的。

◎ 使命的概念：在心中設立一個對你與對他人來說深具啟發性的目標，它源自你的內在渴望與信念，光是追求這個信念，就足以帶來創造人生的力量。

◎ 時間用來做什麼，生活就是什麼。生活累積了什麼，生命也就成為了什麼。但「你」是誰？更重要的不是管理了時間，而是管理了「生活的意義」。

◎ 好好喜歡你的過去，好好為將來而努力，也好好適時尋求當下的專注與享受。

◎ 人應該恐懼的不是死亡，而是從未真正地活過。因此，好好認識自己，好好活出自己想成為的樣子。

第二章

擁抱真實的自己，生命也將產生奇蹟般的變化

自我洞察階段❷：
向內洞察「先天能量」，了解你的性格特質

開始喜歡自己，是一切成就的起點

我們在成長歷程上很容易忽略自己身上其實擁有各種獨一無二的特質，支持我們發展自我的強大能量。忽略不打緊，要緊的是我們經常談論或關注自己的缺點。你不知道潛意識在無形中被餵養了哪些負面的東西，別說發展自我了，更多時候你餵養的這些東西只會為你帶來更多混亂。

關於「找到自己」，要理解的是，如果我們連自己都無法肯定自己，又怎麼能奢求別人的認同？在活出真實自我的這趟旅程，永遠是雙向的。外在的肯定固然重要，它能為我們帶來社會認同感，甚至帶來更多的激勵與積極的動力，但是「生命所有的向外旅程，都是為了向內」，也唯有來自於內在的肯定，對自我特

質、價值和能力的認可,更具有強大的穩定性與持久性。這是一種由內而外的自信。至於什麼是自信?自信的「自」,是由自己去找到的。自信的「信」,是這個「人」對自己說了什麼話,這些話,就是你對自己的讚美。

過去在自我理解相關諮詢的過程中,很常見到一些狀態,如「自我懷疑」、「不安全感」、「完美主義」等,很多時候這些狀態可能肇因於未認知到自我尊重與自我價值的重要性,以致於在面對生命種種課題與挑戰時,不知道如何去接納、肯定與愛自己,於是一直感到內在不信任,時常活在恐懼之中。

或是在種種情境下深怕被別人拒絕,甚至讓身邊的人感到失望,這些狀態在成就自我的道路上,有如絆腳石阻礙前行。因此,試著練習自我接受與自我肯定,將是活出真實自己至關重要的一步。當你懂得欣賞自己的一切,包括優點與缺點,才更有能力做真正的自己。尊重你的所有特質與信念,這是成就自我的基石。千萬記得,低估自己的特質,永遠是你給自己最大的懲罰。

因此,接下來在後面自我洞察的練習,最重要的第一步就是帶大家看見並肯定、讚美自己與生俱來獨一無二的特質,也更進一步與真實的自己產生連結。當我們開始看見自己、肯定自己、讚美自己,一切都會改觀,生命也將帶來奇蹟般的變化。更大的意義是,當你開始喜歡自己,也代表認同了自己。在你心中找到那

個真正喜歡的人,跟他做朋友,你也不再需要別人的認可。因為你知道「我值得」、「我很棒」、「我能活出自己」,也十足相信自己的獨特與價值在這世上占有一席之地,如同你的存在般真實。

擁抱與生俱來的能量

在理解自我獨特的重要性之後,想成為怎樣的人,就得先擁抱自己是怎樣的人。活出真實自我的關鍵第一步就是,好好洞察與生俱來的性格特質。性格特質就是在你舒服的狀態下,自然流露出的一種能量狀態。這個能量是生下來就擁有的,是丟棄不掉的,可以說是上天給你的基本能量設定。

這個能量雖然看不到,但是我們可以常常從別人的口中得知,某某某是怎樣的一個人,例如:好奇的、敢於挑戰的、溫暖的、積極的、好學的、幽默的、貼心的、鼓舞他人的。這樣的性格特質,可以說是一種推動真實自我的能量。

德雷莎修女說過這麼一段話:
注意你的思考,有一天它會成為你的言談。
注意你的言談,有一天那會化成你的行動。
注意你的行動,有一天那會養成你的習慣。
注意你的習慣,有一天那會塑造你的性格。

> 注意你的性格,有一天那會決定你的命運。
> 性格決定命運、決定一切。

　　性格特質是你擁有的獨特能量,建立於平常的思考與環境,這樣的性格能量會形塑你的人生樣貌。掌握性格特質,並予以肯定固然重要,但別忘了,「要成為怎樣的人,更多時候是一種選擇」。在引發更多對於未來理想樣貌的想像之前,我們先一起探索,肯定自我與生俱來的獨特本質。

向內洞察「先天特質」的實際練習

思考方向:從「代表性特質」、「優點與缺點」、「發光特質」、「生活習慣」、「星座特質」五大層面切入思考。

Q1 你覺得自己是怎樣的人?如果用 5~10 項個性特質來代表你,你會想用哪些詞代表自己?為什麼?

＊試著思考假如要在自己身上貼標籤,以便快速讓別人認識你,你會想貼哪

些標籤?以「正向特質」的思考出發,在認識自己的過程中,肯定自我的獨特之處是關鍵的第一步。因為肯定自己,才能看見自己。

以艾迪蘇為例

正向思考	積極的	敢於挑戰	打不死的精神	溫暖的
敏感的	鼓舞人的	機靈的	真誠的	自律的

回頭看生命歷程,正是因為「正向思考」、「積極的」、「敢於挑戰」、「溫暖的」、「真誠的」、「自律的」這些特質,形塑出現在的自己。隨著生命歷程的進展與自我認識,不管從自己或是別人口中,也常聽到形容我是「溫暖」、「積極」的人。

我想在日常生活中不管是有意識或無意識,就是這些關鍵特質在形塑著我們的生命展現。所以,大家也試著去思考一下哪些毫不費力且自然而然展現的特質,形塑著你的生命展現?只要更覺知地在生活中展現這些關鍵特質,就是一種毫不費力的做自己。這些不同特質的排列組合,也造就出更具獨特性的你。

練習

* 建議直覺式思考不同時期的自己、不同角色的狀態，試著思考自己在性格特質上有哪些獨特點？不斷出現的共通點為何？從別人口中理解與看見的自己是什麼？

Q2 回想到目前為止的人生，你覺得自己在個性上有哪些優點？或有哪些缺點是你想改善的？

* 這個問題主要是從不同角度切入，幫助大家有不同層面的思考，所以會出現與上一題相仿的答案很正常。畢竟每個人的理解與感受有所不同，因此希望透過不同問題的探索，試著理解自己獨有的特質。

以艾迪蘇為例

優點

貼心的	細膩的	謙虛的	自律的	負責的
關照人的	同理的	效率的	幽默的	正義的

缺點

過度敏感	極端的	分心的	壓抑的	依賴的

練習

＊建議可以思考到目前為止的人生，在不同時期、不同角色，自己身上有哪些優點和缺點？想改善的地方？也試著回想身邊的親朋好友稱讚過你哪些優點？或提醒過你哪些缺點？又或者你成為今天的自己，是哪些優點特質所驅動的？有哪些獨特的思維、情緒或行為？

優點

缺點

Q3 用一句話形容不同時期的自己。

＊ 試著思考不同時期的你做出哪些令自己滿意的成果？當時發揮哪些個人特質讓自己發光？描述那個時期的關鍵事件,並用一句話形容當時的自己。該時期若沒有特別的事件記憶,可以空白或試著描述當時的情緒感受。

以艾迪蘇為例

時期	深刻表現	展現特質
國小	沒被選上桌球隊,後來主動爭取進入。(全縣得獎)	勇敢的。
國中	無印象。	
高中	無印象。	
大學	轉學考逆風而上。非本科系畢業應徵廣告公司被錄取。	不服輸、敢挑戰。
社會	自媒體經營被看見。	樂於嘗試、堅持的。

練習

時期	深刻表現	展現特質
國小		
國中		

高中		
大學		
社會		

Q4 生活上有哪些引以為傲的行為或習慣？

＊試著思考你從小到目前的生活習慣,例如:小時候、求學時期、出社會等。
這些生活習慣主要來自於哪些個性特質?

以艾迪蘇為例

時期	習慣表現	展現特質
國小	不喜歡房間或家裡太亂,會主動整理。	規律、秩序、完美。
國中	從小習慣主動幫媽媽做家事。	懂事、貼心的。

高中	無印象。	
大學	連續兩年參加轉學考,連轉兩間學校。	不服輸、有毅力。
社會	每天早起去咖啡店經營自媒體相關。	勇於嘗試、自律。

練習

時期	習慣表現	展現特質
國小		
國中		
高中		
大學		
社會		

Q5 你是什麼星座？你最認同自己星座特質中的哪些特質？

以下為 12 星座特質範例提供參考：

牡羊座 積極、熱情、樂觀、精力充沛、爆發力、照顧人、勇敢、開朗、熱血、領導魅力、同情心、感受性豐富、心軟的、目標導向、行動快於思考。

金牛座 內向的、因循保守、物質性、遲鈍的、穩重的、踏實仔細、被動的、容易親近、執著的、害怕失敗、慢熟的、小心謹慎、彬彬有禮、喜歡美的、講究的。

雙子座 善表達與溝通的、敏捷的、機靈的、點子多、爽朗的、機動性高、臨機應變、幽默的、聰明的、直覺的、尖酸刻薄的、求知欲旺盛。

巨蟹座 情緒豐富、母愛的、顧家的、因循保守的、小心謹慎、溫柔的、慎重的、照顧人、能幹的、陰晴不定、被動的、依賴的、和藹可親的。

獅子座 開朗的、好權力的、精力充沛、正義的、焦點的、擅打動人

心、華麗的、領導統率力、有威嚴的、可靠的、主導性的、值得信賴的、包容力。

處女座 認真的、謹慎細心、有觀察力與洞察力的、彬彬有禮、批判性、正直的、輔佐的、因循保守、冷嘲熱諷、責任感強、求知欲、深思熟慮、完美主義、機智。

天秤座 平衡的、中庸的、優雅的、公平的、善交際、迷人的、受歡迎、優秀的審美品味、謹慎的、有質感、八面玲瓏、知性、成熟的、穩重的。

天蠍座 神祕氣質、敏銳洞察、探求心、有靈感的、有個性、有耐性、獨占欲、沉默寡言、不屈服、意志堅強、謹慎的、保守、封閉的、性感的。

射手座 求知欲旺盛、探求心、冒險心、速度感、上進心、熱情的、哲學性、愛講道理、陰晴不定、多愁善感、自由、好奇心、隨心所欲、靈活、難以捉摸。

摩羯座 責任心強、勤勉、實力主義、實際性、謹慎的、踏實、有野心的、權力、頑固的、執行力、自信的、善傾聽、耿直、不知變通、有組織性的。

水瓶座 獨創性、幽默的、博愛的、邏輯性、古怪的、才華洋溢、靈巧的、自由的、隨心所欲、善社交、與眾不同、理想主義、視野廣闊、興趣多樣化的。

雙魚座 善解人意、同情心、浪漫主義、情緒化、溫柔的、捨身奉獻、感受性豐富、藝術性、服務性、天真無邪、優柔寡斷、夢想、反覆無常、少女心。

以艾迪蘇為例

積極的	樂觀的	照顧人
領導的	感受性豐富	目標導向

練習

＊挑選出你所屬的星座，最認同的 3~6 個特質即可。

Q6 從下表特質中，圈出最能代表你的 10 項特質。挑選過程中試著思考從哪些地方可以感受到自己有這些特質。

包容的	仔細周到	注重細節	獨立的
精準的	有愛心的	意志堅定	敢於挑戰
目標導向	謹慎的	勤奮的	有洞察力
有行動力的	善分析的	腳踏實地	創新的
適應力強	有魅力	精力旺盛	善良的
冒險的	有商業頭腦的	有戰鬥力的	知識廣博的
親和力	忠誠的	情感豐富	邏輯的
進取心	能幹的	同理的	有愛的
風趣的	有競爭力的	事業心強	謙虛的
理性的	自信的	獨特的	外向的
領悟力的	知足的	專業的	內向的
善表達的	樂於合作的	老練的	敏感的

武斷的	勇敢的	有彈性的	堅忍不拔的
精明的	有創造力的	寬容的	有耐心的
權威的	可靠的	直率的	有開創性的
務實的	好奇的	親切友好的	樂天的
有條理的	果斷的	溫和的	迅速的
冷靜的	順從的	樂於助人的	可信賴的
體貼的	細膩的	自我風格強	多才多藝
有遠見的	溫暖的	機靈的	完美的
正向的	仁慈的	專注的	自由的
有毅力	穩重的	敦厚的	親切的
積極的	活潑的	好學的	足智多謀的
負責任的	機智的	自發性的	嚴以律己
淘氣的	完美主義的	公平的	正義的
善交際的	鼓舞人的	策略性思維	有才幹的
健談的	領導力的	有智慧的	合理性的

Q7 選出你最有共鳴的 10 大性格特質

將上述 Q1~Q6 練習問題中理解到的個人特質，排列出 10 大優先順序，試著找出不斷出現或具有共通性的特質。最重要的是，好好肯定與讚美這些與生俱來的獨有特質。你的性格，決定你的命運。

以艾迪蘇為例

1	正向思考	6	真誠的
2	積極的	7	鼓舞人的
3	敢於挑戰	8	風趣的
4	目標導向	9	溫暖的
5	自律的	10	有毅力

練習

1	6
2	7
3	8
4	9
5	10

掌握「自我洞察地圖」的線索

自我理解工具分享：透過「生命靈數 _ 生日數 & 命運數」的線索，掌握與生俱來的性格能量。

生命靈數是一種古老的數字系統，集大成者可追溯至古希臘的

數學家畢達哥拉斯，他提出：「數字，支配宇宙。」他認為數學可以解釋世界上的一切事物，認為每個數字都有其獨特的震動頻率和能量，而萬事萬物也都能找到各自和數字的對應關係，從中理解數字所具備的特質和代表意義，進而一瞥宇宙的祕密。

從生命靈數的角度出發，關於「認識自己」，在眾多的數字中，「出生年月日」是我們每個人一出生就被宇宙賦予的一組數字。每個數字具有的特定能量與意義，可以幫助解讀一個人的內在特質和外在表現，並提供人生方向上的指引作為一種參考。然而生命靈數的理解，就跟世上各式各樣的性格分析測驗一樣，沒有人可以肯定哪一種方法最好、最準確，也沒有一項工具可以明確說明一個人擁有幾項天賦、幾項才華，甚至生命目標與使命為何。更多時候這些工具所提供的訊息，僅是幫助我們在思索人生課題的過程中給予一些參考訊息。在掌握諸多訊息之後，重要的是：「你的內在渴望什麼？」這才是活出自我最重要的指引。

下面分享兩大數字「生日數」與「命運數」，我們可以從這兩個數字去探索一個人正在發展與潛藏的特質。

生日數

寓意與生俱來的基本個性特質、天賦、價值觀等特徵的數字，主要象徵承載前世的靈魂記憶，諸如優點、缺點、天賦與擅長領

域等。（＊發展期大約在 0~30 歲，此階段以生日數為主，命運數為輔。）舉例：2024 年 1 月 11 日出生，生日數即為出生日數字「11」。

命運數

寓意靈魂降生於這個世界主要的生命目標，是靈魂這輩子想體驗的新角色與劇本，是人生重要的核心數字。大多時候命運數也蘊藏一個人今生正在經歷的特質、潛能、價值觀等。（＊發展期大約在 30 歲以後，此階段以命運數為主，生日數為輔。）舉例：2024 年 1 月 11 日出生，命運數算法即是將所有數字相加至個位數，2 ＋ 0 ＋ 2 ＋ 4 ＋ 1 ＋ 1 ＋ 1 ＝ 11，1 ＋ 1 ＝ 2，命運數即為「2」。

大多時候活出真實自我，不只是關注特定數字，而是掌握各大重要數字的特質線索，對應現階段內在的真實渴望，好好落實於生活中，逐步創造全新的人生劇本。因此，以下分享的「生日數」與「命運數」特質，皆可作為參考。

1~31 日生日數個性特質參考

生日數	優點	缺點
1 日	領導力、創造、積極。	自我、專橫、急躁。
2 日	溫暖、體貼、細膩。	敏感、優柔寡斷、被動。
3 日	創意、樂觀歡樂、好奇心。	分心、三分鐘熱度、放縱。
4 日	務實、穩重、紀律。	固執、守舊、壓抑。
5 日	熱愛自由、好奇心、適應力。	變化大、缺乏專注、浮躁。
6 日	同理有愛、責任感、穩定。	完美主義、犧牲、控制欲。
7 日	理性、自我風格、獨立。	懷疑、完美主義、孤立。
8 日	領導、企圖心、決心。	物質主義、強勢、炫耀。
9 日	大愛、智慧、理想。	理想化、情感強烈、自傲。
10 日	有格局、領導力、行事豪爽。	豪爽也敏感、驕傲、不靈活。
11 日	靈感、獨創性、純真善良。	過度敏感、自我懷疑、雙重性格。

12日	孩子王、溫柔細膩、爆發力。	不服輸、三分鐘熱度、過度敏感。
13日	王者風範、沉穩的、有抱負。	讓人摸不透、情感壓抑、自尊高。
14日	行動力強、可靠務實、變化的。	工作狂、固執的、變化快。
15日	善良、積極主動、熱情活潑。	一廂情願、不負責、犧牲。
16日	外冷內熱、有責任、自我要求高。	自尊心強、不服輸、執著。
17日	領袖魅力、有原則、獨到見解。	自尊心強、孤立、嚴厲的。
18日	天生才子、聰明的、有效率。	盡善盡美、高高在上、過度苛責。
19日	領袖魅力、聰明的、穩重溫厚。	自尊心強、要求嚴格、力求完美。
20日	溫和的、細心體貼、敏銳的。	過度敏感、想太多、依賴性。
21日	害羞慢熟、溫柔細心、孩子氣。	易緊張、猶豫不決、隱藏情感。

22 日	爽朗溫暖、務實的、膽大心細。	敏感的、在意他人、壓抑的。
23 日	靈活應變的、熱情活潑、有魅力。	注意力分散、缺專注力、任性。
24 日	有愛的、溫柔耿直、責任感強。	控制欲、過度責任、頑固。
25 日	細節控、獨特風格、完美主義。	過度敏感、隱藏情緒、挑剔。
26 日	溫柔有愛、熱愛挑戰、正義感。	控制欲、做很多事、力求完美。
27 日	沉穩、高雅、聰明的。	自尊高、強勢的、要求高。
28 日	溫柔大方、重情義、領導魅力。	易焦慮、缺乏決斷力、控制欲。
29 日	深謀遠慮、靈感、神祕感。	過度敏感、自我懷疑、善變。
30 日	好奇心、有活力、樂觀的。	三分鐘熱度、缺乏耐性與計畫、情緒化。
31 日	好奇心、直率的、能幹的。	易分心、缺乏專注、頑固的。

命運數個性特質參考

命運數	正面	反面
1	自信、樂觀、勇氣、企圖、行動、獨立、意志。	沒有自信、缺乏安全感。
2	溫柔、善良、敏感細膩、體貼、情感豐富、謙虛。	過度配合、高敏感、想太多。
3	赤子之心、好奇心、歡樂、行動力、幽默、樂觀。	自我懷疑、害怕表達、缺乏專注性、三分鐘熱度。
4	務實、穩定、規距、紀律、專注、理性、可靠、誠摯溫厚。	缺乏耐心、固執、沒彈性、完美主義。
5	熱情、好奇心、探索、活力、適應力、樂觀外向、靈活力。	一心多用、缺乏紀律、需要深度磨練。
6	無條件的愛、奉獻、慈愛、親密照顧、責任、正義。	完美主義、批判視角、吹毛求疵。
7	獨立、探究、自我堅持、要求、完美、冷靜、責任。	不信任他人與自己、防備心重。
8	熱血、行動實踐、開拓、好奇心旺盛、挑戰、力量、果斷。	面臨金錢、權力、權威、控制及名望的考驗。
9	大愛、同理心、多樣化視野、聰明、智慧、溫厚。	受困於理智、忽略內心與直覺的指引。

✎「自我洞察地圖」線索掌握

◎ 要知道，懂得自我肯定，是一切成就的起點。

◎ 什麼是自信？自信的「自」，是由自己去找到的。自信的「信」，是這個「人」對自己說了什麼話。這些話，其實就是你對自己的讚美。

◎ 當你懂得欣賞自己的一切，包括優點與缺點，才更有能力做真正的自己。你會尊重你的所有特質與信念，這是成就自我的基石。千萬記得，低估自己的特質，永遠是你給自己最大的懲罰。

◎ 當你開始喜歡自己，也就認同了自己。在心中找到那個你真正喜歡的人，跟他做朋友，也不再需要別人的認可。因為你知道「我值得」、「我很棒」、「我能活出自己」。

◎ 性格特質，就是在你舒服的狀態下，自然流露出的一種能量狀態，這個能量是生下來就擁有的，丟棄不掉的，可以說是上天給你的基本能量設定。這個能量雖然我們看不到，但是可以常常從別人口中得知，某某某是怎樣的人，例如：好奇的、敢於挑戰的、溫暖的、積極的、好學的等等。

◎ 你的性格，決定你的命運。要成為怎樣的人，更是一種選擇。

第三章

發現你的天賦，
讓你的獨特開啟生命的美好

自我洞察階段❸：
向內洞察「先天優勢」，挖掘你的天賦才華

找到真實的快樂，再平凡都閃閃發亮

天賦到底是什麼？它不是高高在上的標籤，也不是你身上的成績單。天賦，說到底，就是你天生擁有的獨特能力。一件事情，別人做起來可能費盡心力，而你卻能得心應手輕鬆搞定，甚至享受到忘記時間的流逝，進入一種渾然忘我的美好狀態。這就是天賦的魔力。天賦可以是靜靜地展現，比如用心傾聽與關愛他人，帶來無形的療癒力量；也可以很理性，比如享受在邏輯數據的分析過程中；當然，也可以像煙火般華麗，比如做生意的直覺、說學逗唱的魅力，或是琴棋書畫的技藝。這些隱性或外顯的才華，都是天賦的展現。

要知道，每個人身上不只擁有一項天賦，而是同時攜帶著多

種天賦，更有潛藏在心底深處的潛能。而那些潛藏在心底深處的潛能，就像埋在沙裡的寶石，需要你去挖掘。這也意味著天賦的展露，更多時候需要一段自我探索的過程。當你開始探索自己，那些天賦自然會透過你的雙手、你的心、你的每個行動，慢慢綻放出來，那一刻你會發現自己開始變得很不一樣──變得明亮、自信、快樂。所以，只要我們好好探索自我，就能綻放內在獨特的光芒。記得，**每個人來到世界上都是有價值的。你的快樂，能照亮這個世界。而天賦就蘊藏在純然的快樂和目光閃閃的每個瞬間，等著你去發掘。**

當你細心感受，天賦無所不在

完整的社會需要各類型的人，正如完善的公司組織需要多元的人才。我曾在廣告業待了近十年，看到五花八門的人才，也感受各種天賦的展現。以下透過不同情境的例子說明天賦一直都在，也無所不在。永遠記得：「**天賦，就蘊藏在那些你毫不費力的狀態裡。天賦，就蘊藏在你自然投入的美好行為裡。天賦，就蘊藏在那些能為你帶來純然快樂的時刻裡。**」以下分享一些日常的情境。

辦公室

A 同事：秩序之美。

A 同事每天一早進辦公室，就拿起酒精擦拭桌面，同時確認桌上井然有序的各式療癒小物與藝術品，整個辦公桌宛如小型的藝文空間。他將收件信箱依不同客戶、不同類型各自分門別類，信件一進來就會自動歸類。行事曆上更是文字工整、條理分明，在乎細節、效率，凡事力求完美。簡單來說，是一位擅長收納、整理又具有美感的規畫達人。（天賦展現：井然有序、細節控、規畫能力。）

B 同事：亂中有序的創意。

相比 A 同事，B 同事的辦公桌則像一場小型風暴。便條紙到處貼，物品隨意擺放，桌上亂得像戰場。可偏偏在這樣的環境裡，他卻是部門中最有創意的人。愛因斯坦曾說：「如果亂桌子意味著亂腦袋，那空桌子又意味著什麼？」

同樣桌上凌亂的代表人物還有賈伯斯、祖克伯等，相關研究發現桌子亂的人比較有創意。當然，這是一種可能，也不代表全是如此。但我們真的可以從日常中透過一個人的生活習慣、行為模式、情緒狀態，試著感受隱藏在他身上的天生資質。（天賦展現：創意展現。）

會議室

C 同事：說話的魔術師。

當 C 同事在會議室一開口，全場瞬間聚焦，被他流暢的表達與充滿感染力的語氣所吸引。同時快速抓住問題核心，三言兩語化繁為簡，帶動整場會議的節奏。他的天賦，就是用語言和靈活思路搭建一座座橋梁，讓大家迅速找到共識。（天賦展現：表達天賦、思考能力、頭腦機靈、感染力。）

大廳

D 同事：流量型人才。

午餐時間，大家正聽著 D 同事興高采烈地分享週末又去哪些歷史景點、遇到哪些有趣的事，整個過程引人入勝，同事也聽得津津有味，更讚賞 D 同事分享在社群上的遊記寫得太好了。D 同事的天賦，不僅是表達，還擁有一種能將熱情融入文字與故事的能力。然而**天賦，往往也是個人天分與興趣，甚至是熱情的結合。**（天賦展現：栩栩如生的表達力、寫作能力。）

發現天賦或激發潛能都需要一段探索的過程，你得去創造某種環境、去做某件感興趣的事情，天賦才有空間顯露出來。追求內

心的渴望，自然會點亮內在的光芒。

賈伯斯曾在史丹佛大學的畢業典禮上說：「你必須要找到所愛的東西，並持續去追尋，直到你找到為止。」如果你還不知道自己擅長什麼也沒關係，不用著急，只要開始追隨你的內在，去做喜歡的事情、快樂的事情，往往天賦，甚至使命意義就藏在興趣、熱情之中。然後，當你找到真實的快樂，再平凡的人都能閃閃發亮。這光能點亮自己、溫暖世界。

簡單定義你的關鍵強項

如果把自我洞察過程想像成每個人來到地球上的一趟冒險旅程，在這趟旅程中每個人都是一個遊戲角色，身上也有不同的設定。除了掌握上一章談到的基本能力值「先天能量」，也就是性格特質之外，接下來要帶大家挖掘的就是你的「先天優勢」，也就是「天賦才華」。在遊戲世界中可以把它想像成是你擅長的技能與招式，這些都是能幫助你在這趟冒險旅程中閃閃發亮的關鍵強項。

管理學大師彼得‧杜拉克曾提到：「只有強項能創造成果，弱項只會讓人頭痛。而且就算克服弱點也無法創造任何東西，所

以把能量用在發揮自己的強項吧。」那麼該如何挖掘出自己的天賦，並琢磨成為強項技能？在這之前讓我們先來簡單定義到底什麼是「天賦」、「才華」與「技能」。

天賦＝天生具備的資質與潛能

是一種能創造成果的潛意識、情緒與行為模式。大多時候那些你天生做起來比別人容易的，且這些特質能為你帶來正向的情緒感受。擁有此條件都可以稱為天賦。但這些天賦充其量只是一種潛能的狀態，需要經過磨練精進與運用，才能完全發揮優勢。（＊荷蘭天賦專家重新定義「天賦」：天賦並非只是你天生做得特別好的事，而在於它帶給你的美好感受。）

才華＝經過學習與磨練所熟練的天賦

天賦與才華的本質是一樣的，差別僅在於一個是未開發的潛在能力，一個是開發中的突出能力。通常我們指一個人才華洋溢，大多時候已經從他身上感受到某方面突出的天賦能力，主要透過某種「思維」、「情緒」與「行為」展露出來。才華，大多時候已展現於某些領域。

技能＝以某種職業或身分來界定一個人時，通常指的是技能

技能，是需要透過某種程度的知識學習、刻意練習才能達到的專業程度。即使天生擁有感知他人、理解他人的天賦，若沒有經過一連串的探索、學習、整合、訓練與磨練，也不會成為心理師。擁有數理天分，也不保證能成為工程師。擁有藝術天分，也不能保證成為專業設計師。這就是為什麼就算有某方面的天賦，如果沒有將天賦結合到某些領域，再經過有意識、有系統的刻意練習，也不會自動擁有該強項技能，並成為該方面的專業人士。擁有無可取代的獨特技能，都是需要**「刻意練習」**的。

接下來的實際思考練習，會帶大家一起回顧過往生命歷程，從不同層面角度挖掘出你與生俱來的天賦才華。

向內洞察「先天優勢」的實際練習

洞察層面：從「擅長的」、「感到開心的」、「被讚賞過的」、「懷念的」、「鼓舞的」五大層面切入思考。

以下問題主要帶大家從不同層面與角度去思考，畢竟每個人的生命歷程不同。透過問題試圖挖掘相關的天賦特質，如果不斷出

現相仿的特質與天賦很正常,代表這些「共通性」的能力對你來講很重要,只是透過不同的生命歷程、情境,無形中不斷地自然運用與享受其中。接下來就一起回到過去,思考一下自己身上有哪些獨特的天賦特質。

Q1 試著回憶過往的生命歷程,你覺得自己有哪些擅長的能力?哪些事做得比別人又快又好、比別人厲害、跟別人很不一樣,又或者是你的獨特之處?試著思考你擁有哪些天賦。

＊從自己的視角出發。

以艾迪蘇為例

時期	事件描述	天賦
國小	小時候就滿有藝術相關的天分,像畫畫、手作相關,沒有特別學習,比其他同學更容易被關注。	藝術細胞、手作天分。
國中	體育方面能力特別出色。這時期媽媽煮菜時喜歡在一旁觀看,無形中也學習一手好廚藝,常被家人誇獎廚藝好。	運動天分、協調性、手作天分。

高中	只要跟藝術、設計、手工藝相關的都滿擅長。	藝術與美學天分。
大學	無印象。	
社會	善於同事間或部門之間的溝通協調,滿能鼓舞他人與給予他人信心,大家也喜歡與我一起工作,甚至分享心事。擅長製作簡報,也享受上台簡報分享。	協調能力、溝通表達、領導能力、藝術與美感、鼓舞與激勵他人的天分。
生活	自媒體經營受關注,時常收到感謝分享療癒人心的文字。	文案能力、療癒、鼓舞、美感。

練習

＊從自己的視角出發。

時期	事件描述	天賦
國小		

國中		
高中		
大學		
社會		
生活		

Q2 生命歷程中,容易被稱讚、被看見、被需要、被依賴的事。想想有沒有不是特別用力,或只是在做自己喜歡的,就被稱讚的事?做起來很自然而然的事?會不自覺想去做或投入的?

＊從他人的視角出發。

以艾迪蘇為例

情境 A　不管是寫字、手作相關活動(工藝、煮菜)、畫畫等,容易被看見。
「擁有藝術、美感、美學」的天賦。

情境 B　工作準備簡報的時候,只要把簡報製作完成,大致看過一兩次,不太需要演練就可以報告,也時常受稱讚。
「擁有口語表達、演繹、靈活思維」的天賦。

情境 C　過往在職場上,時常收到同事分享喜歡跟我共事、受到引領,以及有互相支持的感受。
「擁有領導力、關愛與支持能力」的天賦。

情境 D　錄製 Podcast 常被來賓稱讚,整體節奏與氛圍掌控度很好。
「擁有口語表達、靈活思維、幽默展現」的天賦。

情境 E　在社群上時常收到讀者來訊,感謝文字帶給他們的療癒力。
「擁有文案能力、激勵與鼓舞、療癒」的天賦。

練習
＊從他人的視角出發。

情境 A
「　　　　　　　　　　　　」的天賦。

情境 B
「　　　　　　　　　　　　」的天賦。

情境 C
「　　　　　　　　　　　　」的天賦。

情境 D
「　　　　　　　　　　　　」的天賦。

情境 E
「　　　　　　　　　　　　」的天賦。

Q3
從小到目前為止，做什麼事情你會感到開心？有時間過得很快，甚至有充電的感覺？又或者哪種狀態之下，覺得自己很棒？試著回憶從過去到現在的不同時期，做什麼會帶給你正向情緒？

＊從感到快樂的、喜歡的視角出發。

以艾迪蘇為例

情境 A 職場上，做簡報設計的時候，我感到很快樂。在自媒體製作貼文、寫文案時是快樂的。
「擁有藝術設計、邏輯組織、文字表達」的天賦。

情境 B 工作上，整合所學的知識與技能，產出新事物的時候，我會感到非常快樂。
「組織架構、統整規畫、創造力」的天賦。

情境 C 工作上，與他人分享自己的理解時能支持到他人，我會感到很快樂。
「表達能力、引導他人、激勵他人」的天賦。

練習

＊從感到快樂的、喜歡的視角出發。

情境 A

「　　　　　　　　　　」的天賦。

情境 B

「　　　　　　　　　　」的天賦。

情境 C

「　　　　　　　　　　」的天賦。

Q4 生命歷程中,你覺得自己在扮演哪些角色的時候最有價值感並喜歡自己?這個角色或身分最能鼓舞你的是什麼?什麼讓你感到快樂且有價值?試著思考背後藏有哪些天賦。

＊從自己的視角出發。

以艾迪蘇為例

做什麼讓你覺得有價值感?	運用哪些特質、天賦?
諮詢工作的過程中,與他人分享自己的知識和理解,同時也鼓勵他人、激勵他人,喚醒他人的力量與希望時,我覺得自己是有價值的。	表達、引導、教導、鼓舞。
教學的過程中,自信表達與同學互動分享自己的理解,同時支持他人時,即使講一整天的話,工作結束很累,但是內心是滿足的,也感到自己是有價值、是喜歡自己的。	邏輯分析、表達、靈活應變力。

練習

＊從自己的視角出發。

做什麼讓你覺得有價值感？	運用哪些特質、天賦？

Q5 從下列優勢能力的圖表中,挑選出 5~10 個你從身上感受到,非常能代表你的優勢能力。

擬定計畫力	使命必達	解決問題	遠景視野	啟發智慧
重視規則	行動力	直覺能力	做事有效率	激發潛能
井然有序	細節控	分析思考	掌控力	提升合作力
讓人敞開	寫作能力	合作能力	紀律秩序	組織管理
無私奉獻	溝通表達	開創能力	照顧他人	主導能力
有責任感	演繹表現力	組織規畫	藝術設計	建立人脈
可靠的	心靈療癒	商業能力	獨特視角	連結力
腦筋靈活	激勵鼓舞	搜集資料	人道主義	自我覺察力
心思敏銳	理性思考	分析歸納	群眾魅力	語言天分
高生產力	感性思考	系統性思維	創造力	洞察力
振奮士氣	表演能力	一針見血	表達天分	觀察力
藝術美感	腳踏實地	抽象思考	幽默感	成為第一
音樂才能	專注力	想像力	看見問題點	社交能力

適應能力	凝聚力	感知情緒	說話有力量	領袖魅力
掌握趨勢	愛的能力	平衡	有創意的	協調能力
學習力	妥協之道	療癒能力	四平八穩	注重細節
聰明	藝術鑑賞	拓荒能力	能幹的	分析探究
檢視能力	提問能力	靈機應變	領導指揮	獨立完成
超感應力	說服力	有策略	適才適所	建立系統
掌握細節	邏輯分析	執行力	通靈能力	引導他人
世界觀	社會服務力	溝通推銷	有人緣	高敏感
批判性思維	情感豐富	幫助他人	評論力	藝術天分
看見全貌	自我風格	無條件的愛	辯論力	細膩情緒
感知他人	高度創意	有智慧	魅力十足	寫作能力
幫開拓眼界	財務直覺	機智		

Q6 選出你最有共鳴的 10 大天賦才華。

將上述 Q1~Q5 練習問題中所掌握到的天賦才華，排列出 10 大優先順序，試著找出可不斷運用的天賦。

以艾迪蘇為例

1	敏銳感受與洞察	6	引導與教導
2	組織與建構	7	療癒力
3	口語表達與演繹	8	藝術美學與設計
4	目標導向	9	領導魅力
5	創造力	10	啟發他人

練習

1		6	
2		7	
3		8	
4		9	
5		10	

自我理解工具分享：透過「生命靈數＿生日數＆命運數」的線索，一起掌握與生俱來的天賦才華。

※ 關於生命靈數的說明與算法請參見 47～48 頁。

　　以下分享的「生日數」與「命運數」對應天賦，皆可作為參考。

1~31 日生日數天賦才能參考

生日數	天賦才能
1 日	領導魅力、創造力、創意、生意直覺。
2 日	敏銳感受力、直覺、協調。
3 日	創意與創造力、表達能力、敏銳直覺、藝術天分。
4 日	組織管理、邏輯思考、建設與實現力。
5 日	溝通與表達、創新與創意、多才多藝。
6 日	藝術與美感、療癒者天賦、照顧、引導、解決問題。
7 日	理性邏輯、策略力、洞察力、直覺力。
8 日	領導才華、經商天賦、有影響力與號召力、組織管理、決策。
9 日	藍圖視野、影響力、敏銳洞察、藝術天分。
10 日	強大領袖魅力、創造力、豐沛創意。
11 日	感應力、直覺力、創造力、療癒力。

12 日	高度想像與創意、口才好、藝術與設計、協作能力。
13 日	組織管理、領導魅力、創意與實現力。
14 日	出色邏輯分析與策略力、計畫力、表達力。
15 日	藝術天分與創意、語言天賦、整合與領導、商業直覺。
16 日	洞察力、直覺力、邏輯與分析、藝術與美學、領導與指導。
17 日	組織與管理、洞察力、領悟力、商業直覺。
18 日	強大領導魅力、全面統整分析與策略、藝術與創造力、療癒。
19 日	領導力、影響力、視野廣闊、創造力。
20 日	敏銳感知、觀察力、溝通協調、創造力。
21 日	富有創意、藝術與美感、直覺敏銳、協作能力。
22 日	強大組織與建構力、領袖魅力、高度敏銳與直覺、藝術、療癒。
23 日	藝術與美感、創意與設計、溝通與表達。
24 日	精準掌控、敏銳感受、洞察力、組織管理、領導。

25 日	洞察力、直覺力、藝術細胞、溝通與表達。
26 日	洞察他人需求、藝術美學、商業直覺、整合與領導。
27 日	直覺力、洞察力、靈性智慧、長遠視野與計畫、療癒。
28 日	領袖魅力、策略能力、商業頭腦、財務管理。
29 日	高度敏銳、直覺力、藝術與創意、啟發。
30 日	高度想像與創意、直覺敏銳、語言與表達、情感影響力。
31 日	創造力、思考與決策、組織與管理。

命運數天賦才能參考

命運數1	創造力、創意的原創性、領導魅力、生意直覺。
命運數2	感知力、直覺、審美藝術、療癒力、傾聽、協調、外交手腕。
命運數3	創意能力、溝通表達力、語言力、藝術設計、表演。

命運數4	組織能力、管理能力、制定計畫、細節、邏輯、實現力。
命運數5	溝通能力極高、創新創意、社交魅力、多才多藝。
命運數6	教導、療癒、解決問題、藝術設計、美學、創造力。
命運數7	理性分析、敏銳、直覺、洞察力、觀察、策略。
命運數8	領導、組織、策略、決策、商業頭腦、財務意識。
命運數9	視野廣闊、統籌、領導、洞察力、藝術創意。

✎「自我洞察地圖」線索掌握

◎ 天賦就是你與生俱來的獨特能力，同一件事別人做起來特別費力，而你卻得心應手，甚至時常進入渾然忘我的美好體驗。

◎ 天賦，是個人天分與興趣，甚至是熱情的結合。

◎ 每個人來到世界上都是有價值的。你的快樂，能照亮這個世界。你的天賦就蘊藏在純然的快樂和目光閃閃的每一個享受裡，等著你揭開。

◎ 天賦、才華、精湛的技藝，都需要經歷一段「刻意練習」的磨練。

◎ 那些不斷出現在生命歷程中的能力、思維、情緒、行為，很有可能都是你點亮自我的天生資質，注意那些「共通性」的狀態，線索就在這裡。

◎ 賈伯斯曾在史丹佛大學的畢業典禮上說：「你必須找到你所愛的東西，並持續去追尋，直到找到為止。」如果你還不知道自己擅長什麼沒有關係，不用著急，只要開始追隨你的內在，去做喜歡的事情、快樂的事情，天賦，甚至使命意義，就藏在你的興趣、熱情之中。

第四章

我們無法改變過去，但永遠可以出發尋找答案

自我洞察階段❹：
向內洞察「後天強項」，設定目標，培養強項

只要有所追尋，後天就有所收穫

美國社會心理學家、哈佛大學教授丹尼爾・吉伯特曾說：「人類是一種明明還在製造中，卻以為自己是已經完工的作品。」想想看，每個人來到這個世界之前，都經過了一場漫長的醞釀，身上攜帶著祖先的遺傳密碼，這些基因影響了我們的外表、個性，甚至是某些天賦。雖然我們承載著過去，但來到這個世界，不僅帶著與生俱來的天賦，仍有很大的發展性與可能性等著我們去激發與創造。我們的個性特質、天賦才能，都可以在後天培養與發展。生命不是一個寫好的劇本，更像是一本未完成的小說，故事情節還在不斷發展，角色的性格也不斷在進化。

《深刻認識一個人》書中提及，心理學家布蘭特・羅伯茲在

2022年發表探討人格特質可塑性的研究中指出:「儘管大多數人認為人格是無法改變的,但近期的研究徹底顛覆這個傳統觀點。人格特質,尤其神經質(例如容易焦慮、敏感的特質等),可以透過後天的調整來改善。」這也使我們更加相信,人類是一種不斷進化的生物。隨著時間的推移,我們可能變得更開放、更溫和、更穩重,甚至對於人生的喜好與價值觀,都會在不同的生命歷程、不同的選擇下,慢慢長成自己喜歡的樣子。

因此,每個人在自我追尋的歷程中,除了現在擁有的一切如個性特質、天賦才華、價值觀等,也因為後天的每一個決定與選擇,進而創造了每個當下和未來的自己。當你有這樣的意識,會發現其實你一直在塑造自己。所以,此刻的你,不是最終版本的你。

另外,哈佛大學組織心理學家亞當・格蘭特,職業生涯大多都在研究與推動「個人進步的力量」,在一項突破性研究中,心理學家著手調查諸多傑出音樂家、藝術家、科學家、運動員的特殊才能源於何處,驚訝發現在這些成就過人的傑出人物裡,所謂的「神童」只是少數。他們擁有一個共同點——**不是與生具備非比尋常的天賦,而是因為他們有非比尋常的動力**。研究的首席心理學家總結表示:「只要提供適當的學習環境,這世界上絕大多數的技能,幾乎所有人都學得會。」突顯出「學習環境」的重要性。

「看似天賦的差異,往往是機會與動機上的差異。」因此,我

們無法從天賦的起點來判斷一個人的成就,只要主動創造學習的動機與環境,任何人都能在後天目標的引領下培養出色的技能,有所成就。**你是誰,不在於你的起點,而是你走了多遠。所以,不論此刻的你在哪裡,請記得:你一直在製造自己,而這才是人生最值得期待的部分。**

艾迪蘇 2020~2024 年「人生路徑圖」分享

此張圖表主要與大家分享透過追尋「後天目標」,我們都有能力一再創造機會,也在每次選擇中不斷感受與聆聽內在的真實需求,串連自我的可能性與理想的樣貌。

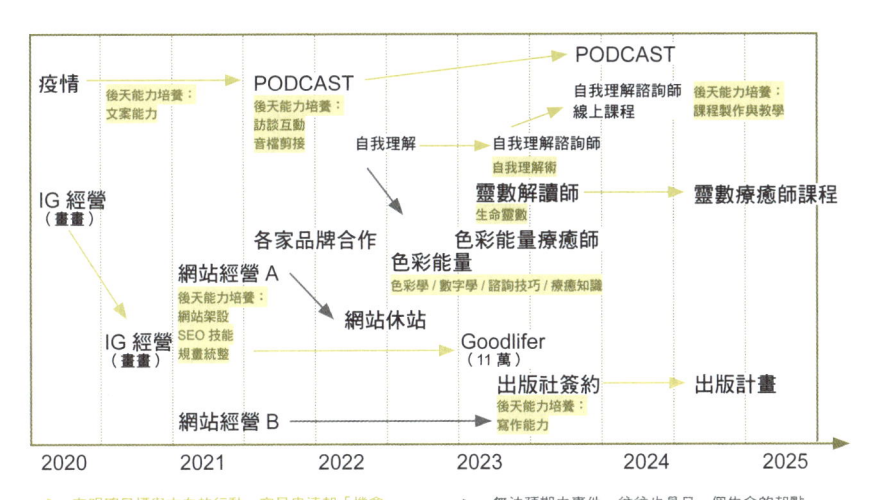

年份	2020	2021	2022	2023	2024	2025
	疫情	後天能力培養:文案能力	PODCAST 後天能力培養:訪談互動 音檔剪接	自我理解	PODCAST 自我理解諮詢師 線上課程	後天能力培養:課程製作與教學
				自我理解諮詢師 自我理解術		
			各家品牌合作	靈數解讀師 生命靈數		靈數療癒師課程
	IG 經營(畫畫)	網站經營 A 後天能力培養:網站架設 SEO 技能 規畫統整	色彩能量	色彩能量療癒師 色彩學/數字學/諮詢技巧/療癒知識		
				網站休站		
		IG 經營(畫畫)		Goodlifer(11萬)		
				出版社簽約 後天能力培養:寫作能力	出版計畫	
		網站經營 B				

→ 有明確目標與方向的行動,容易串連起「機會」。　→ 無法預期之事件,往往也是另一個生命的起點。

回顧 2020~2024 年「人生路徑圖」，有幾個心得：

發現❶：我們無法改變過去，但永遠可以為自己創造機會。

發現❷：不斷聆聽內在，不斷做出選擇。每一個終點，都是下一個起點。

發現❸：每一個由內而外的目標，都是通往理想樣貌與生活的路徑。

人生的意義沒有標準答案

在進入後天強項路徑的自我洞察練習之前，想跟大家分享一部電影的寓意。

《靈魂急轉彎》是皮克斯工作室的暖心動畫大作，獲得第 93 屆奧斯卡金像獎最佳動畫片的肯定。電影設定每個靈魂降生前，都必須經過「靈魂投胎先修班」的訓練，過程中要集滿相關的重要元素，比如個性特質、天賦才華、興趣熱情……以及最關鍵的「火花」。找到火花就能擁有「地球徽章」，並有降生於地球的資格。

貫穿整部電影的關鍵元素「火花」是什麼呢？**不是那些所謂的**

功成名就,而是一種對生命保有熱情的隱喻。正如導演受訪時表示:「其實生命中的火花,就是你正在做的一切。」

火花指的是生命中那些純然快樂的片刻,這些快樂的瞬間,在無形中支持著我們做出每一個選擇,也指引著我們忠於自我內在,享受活著的每一分鐘。這就是對生命展現出熱情的火花,讓這些純粹的快樂與活著的熱情,成為生命前行的動力。好好找到心中對於活著的感恩和熱情,並為自己想做的事情積極行動,就是生命的意義。

人生的意義沒有標準答案,也沒有好壞對錯之分。人生的意義是別讓火花熄滅。去吧,出發就能點燃生命的火花!

向內洞察「後天強項」的實際練習

前面的章節內容帶大家挖掘自身的「性格特質」、「天賦才華」,掌握先天優勢特質與能力,接下來要帶大家挖掘與形塑的就是「後天強項」。活出真實的自我,掌握先天優勢固然重要,同時也別忽略後天強項的培養,這些都是支持我們前進理想生活缺一不可的關鍵。

後天強項=指後天所學的能力、技能,甚至是新形塑的性格特質

後天強項是指透過學習、練習和經驗積累形成的能力或技能，甚至是新形塑的性格特質。這些強項在個人的未來職業、理想生活與樣貌，扮演著至關重要的角色，並在特定情境或任務中表現出色。

從兩大層面切入洞察

❶盤點過去：尋找可轉化為強項的線索。

你走過的路，都不會白費。過往所累積的經歷、學習到的知識與技能、創造過的成績，都藏有可轉為強項的線索，這些都是你實現理想生活的資糧，或是一種值得信賴的可靠存在。

❷想像未來：透過目標設定，每個人都有能力培養強項。

後天強項的形塑，往往發生於追尋目標的過程。盤點過往的生命歷程，即使你對於過去的經歷毫無強項線索的斬獲，這一刻更可以透過目標的設定，創造學習環境，進而培養相關的後天能力、技能，甚至性格的形塑。

如同《靈魂急轉彎》這部電影的寓意：「**人生的意義沒有標準答案，也沒有好壞對錯之分。人生的意義是別讓火花熄滅。**」在追尋自我的過程之中，更大的意義是在每天生活中對生命保有熱

情,設定目標,活在每一刻的當下。相信這些熱情的實踐,都將指引我們活在當下並忠於自我。

求學時期(以艾迪蘇為例)

	高中前	大學	研究所
試著回想過往求學時期,分享任何求學歷程、有趣的經歷、學習經驗(比如有感的知識、技能或能力皆可,又或者任何實際亮眼成績)。		就讀應用外語學系,商用英語、筆譯、口譯等學習。Power Point、Word等工具運用。	

練習

	高中前	大學	研究所
試著回想過往求學時期,分享任何求學歷程、有趣的經歷、學習經驗(比如有感的知識、技能或能力皆可,又或者任何實際亮眼成績)。			

工作時期（以艾迪蘇為例）

	工作 A	工作 B	工作 C
試著回想過往工作時期，分享任何工作歷程之領域或職稱、有趣的經歷、工作經驗（比如有感的知識、技能或能力等皆可，又或者任何實際亮眼成績）。	廣告業、副業務總監、整合行銷傳播相關學習、獨立帶領團隊服務與經營客戶之經驗等。Power Point、Word、illustrator、Photoshop等工具學習與運用。接觸各行各業（品牌方、廣告、製作方、媒體方等多元領域視野）。		

第四章　089

練習

	工作 A	工作 B	工作 C
試著回想過往工作時期，分享任何工作歷程之領域或職稱、有趣的經歷、工作經驗（比如有感的知識、技能或能力等皆可，又或者任何實際亮眼成績）。			

自媒體／副業經營時期（以艾迪蘇為例）

	自媒體／副業
試著回想過往自我經營時期，分享任何自我經營歷程、有趣的經歷、學習經驗（比如有感的知識、技能或能力皆可，又或者任何實際亮眼成績。）	經營Instagram「Goodlifer好好生活家」，分享身心靈相關知識、學習體悟，截至目前11萬追蹤。經營「我會好好生活」Podcast（#職人系列、#諸神療癒系列、#靈數療癒系列等）。色彩能量療癒師、美國NGH催眠師、自我洞察諮詢師與教師、靈數解讀師、天使靈氣療癒、紫微斗數等學習。

練習

	自媒體／副業
試著回想過往自我經營時期，分享任何自我經營歷程、有趣的經歷、學習經驗（比如有感的知識、技能或能力皆可，又或者任何實際亮眼成績。）	

後天強項盤點與目標設定小結（以艾迪蘇為例）

盤點過往	想像未來
透過上述不同時期的經歷、知識、技能、成績等的盤點，試著思考一下哪些是你想帶走持續運用的強項，在未來好好轉化與整合運用。	如盤點過往後，你找不到任何可帶走的強項，這時可試著思考，在接下來這一年，你想做什麼事？想學習什麼？更重要的是，先去享受那些能純然帶來快樂與熱情的事，先點燃生命的火花，生命自有指引。
廣告行銷相關技能、PowerPoint簡報技能、自我理解相關知識與技能、相關身心靈工具技能（色彩能量療癒、美國NGH催眠技術、生命靈數）、我會好好生活Podcast經營、Goodlifer我會好好生活Instagram經營等。	色彩療癒牌卡設計、色彩能量療癒師課程設計等。

練習

盤點過往	想像未來
透過上述不同時期的經歷、知識、技能、成績等的盤點，試著思考哪些是你想帶走持續運用的強項，在未來好好轉化與整合運用。	如盤點過往後，你找不到任何可帶走的強項，這時可試著思考，在接下來這一年，你想做什麼事？想學習什麼？更重要的是，先去享受那些能純然帶來快樂與熱情的事，先點燃生命的火花，生命自有指引。

「自我洞察地圖」線索掌握

◎ 人類是一種明明還在製造中，卻以為自己是已經完工的作品。

◎ 優異的人物不是與生具備非比尋常的天賦，而是因為他們有非比尋常的動力。

◎ 我們無法從天賦的起點來判斷一個人的成就，但相信人生更多

時候是去創造學習的動機與環境,任何人都能在後天目標的引領下培養出色的技能,不斷創造出機會,進而在發展過程中累積一番個人成就。

◎ 你是誰,不在於你的起點,而是你走了多遠。不論此刻的你在哪裡,請記得:你一直在製造自己,而這才是人生最值得期待的部分。

◎ 我們需要多多關注在追尋自我過程中目標的引領,不要忽視後天培養的力量,往往你的潛能、強項與生命的延展性、可能性,都是在這個過程之中激發與形塑出來的。

◎「後天強項」是指後天透過學習、練習和經驗積累形成的能力或技能,甚至是新形塑的性格特質。這些強項在個人的未來職業、理想生活與樣貌,扮演著至關重要的角色。而後天強項的形塑,往往發生於「追尋目標」的過程,進而培養一種能力、技能或特質,並且能夠在特定情境或任務中表現出色。

◎ 有明確目標與方向的行動,容易串連起機會。無法預測的事件,往往也是另一個生命的起點。

◎ 每一個由內而外的目標,都是通往理想樣貌與生活的路徑。

◎ 人生的意義沒有標準答案,也沒有好壞對錯之分。人生的意義是別讓火花熄滅。去吧,出發就能點燃生命的火花!

第五章

人必須忠於自己，才是活出真實自我的唯一途徑

自我洞察階段❺：
向內洞察「核心價值」，釐清內在真正重視的事情

死亡不恐怖，可怕的是沒有活出自己

我們都曾賣力地逼迫自己邁向功成名就，努力工作、組成家庭，實現社會大眾普遍認可的標準成功樣貌。當然在生命的旅途上設立目標、實踐自我是好事，只是不少人難免在尚未深入了解內在需求時，就拚命向外追求，甚至把自我價值與取得成就混為一談，從未真正傾聽自己的內在。你當下擁有的，或正在做的是發自內心嗎？或僅是迎合他人、滿足外界的期待？

我們似乎努力成為別人要我們成為的人，而不是真正想成為的人。如同賈伯斯在史丹佛的畢業演說分享：「過去 33 年來，我每天早上都看著鏡子問自己：『如果今天是我人生的最後一天，我會想做我今天要做的事嗎？』當連續太多天的答案都是不想時，

我就知道我必須有所改變了。」他更提醒:「**時間有限,不要浪費時間活在別人的人生裡。不要被教條困住,不要活在別人思考的結論裡,不要讓旁人七嘴八舌的雜音淹沒了你內在的聲音。最重要的,要有聽從內心與直覺的勇氣。你的內心與直覺早已知道你真正想要成為什麼樣的人。任何其他事物都是次要的。**」

記得,當我們開始停止對外在回應,才能真正聽見內在的聲音,找到屬於自己的方向。

布朗妮・維爾(澳洲知名詞曲創作者、部落客、節目製作人)曾在安寧病房從事志業服務,藉由不少臨終者獲得人生體悟並撫平內心的傷痕,寫下暢銷書《和自己說好,生命裡只留下不後悔的選擇:一位安寧看護與臨終者的遺願清單》,書中提到人們臨終前最遺憾的五件事:

1. 我希望,我曾經有勇氣活出真我的人生,而非其他人期望我有的人生。
2. 我希望,我沒有那麼努力工作。
3. 我希望,我曾經有勇氣表達我的感受。
4. 我希望,我跟我的朋友一直保持聯絡。
5. 我希望,我可以讓自己更快樂。

這幾件事讓我們意識到,人們總在沒有餘力改變時,才真正

意識到內在真正重視的是什麼。然而，我們不用等到生命最後一刻，現在就好好在日常中開始思考真正重要的事。你真正重視的，將引領你成為怎樣的人。

例如我重視成長、知識、心靈、分享，無形中成為心靈知識的分享者。當然，我們每個人內在重視的事（亦稱價值觀）可能更多，隨著生命的不同歷程與體驗，也有可能改變。因此，我們更要學習時刻傾聽自己內心的聲音。尤其做決定時，相信直覺，往往能指引你走向符合自我內在價值觀的方向。

幸運如你，閱讀至此，生命將贈與你活出真實自我的敲門磚。你會開始思考，什麼是重要的事？內心深處相信的是什麼？有什麼樣的信念？想成為怎樣的人？想過什麼樣的生活？這些問題將反應我們內在的核心價值觀，如果能有意識地落實於生活中，也將逐步活出自己喜歡的樣子。

死亡並不恐怖，恐怖的是，在有生之年，沒有好好活出真實的自己。人生難免有遺憾，但從現在開始的每一刻選擇，可以讓自己不後悔。

釐清核心價值觀,就能活出真我

如果把人生的過程想像是在登一座高山,那麼價值觀既不是過程中的目標,也不是最終抵達的山頂,它是你在星空下前行時心中的指南針。任何時候都引領你前進,因為那是內在最重視的價值,它不會因為你達成目標就不見。人生中的目標只是在體現你的價值觀,而不是生命的意義,唯有找到價值觀才能發現更真實的生命意義。好好釐清價值觀,你會有自己的準則,也不易被外在世界影響。

簡而言之,**價值觀是一種判斷對錯、決定取捨的標準。內在擁有什麼樣的價值觀,就會產生什麼樣的行為模式,進而形塑出什麼樣的生活,與成為什麼樣的人。**

例如:擁有關懷價值觀的人,會關心別人,了解別人的困境,對別人有同理心。擁有美學價值觀的人,懂得品嚐、重視營造美好瞬間。擁有冒險價值觀的人,需要時時體驗令人雀躍的新事物。擁有助人價值觀的人,重視幫助周遭的人,希望成為對世界有貢獻的人。價值觀類型諸多,有權力動機類型(財富、地位、影響力等)、成就動機類型(成就、名譽、競爭等)、享樂類型(享受當下、舒適、娛樂等)、刺激類型(冒險、挑戰、探索等)、自我主導類型(自由、獨立、個人發展等)、普世類型(人道、平等、和平等)、慈善類型(關懷、服務、奉獻等)、傳統

類型（家庭價值、文化傳承等）。每個人重視的價值觀也很多元，但在有限的生命裡，盡早釐清自己的核心價值觀，在真實自我的展現上也將越加清晰。

價值觀從何而來？它不會趁虛而入，而是潛移默化，是一種內心深處珍視的東西。我們每個人都在特定的環境裡誕生，而價值觀自然也在各自的時間與空間經驗裡被定義。好比活在同一個環境的人，通常容易產生相同的價值觀，所以每個社會都有一些共同認可的價值標準，繼而出現一致性行為。

價值觀的形塑受各種因素影響，我們很難有意識地感知各種因素帶來的影響，包含父母、學校、社會、媒體、傳統文化等，不斷明示或暗示我們應該做什麼、要什麼、成為什麼、如何生活，以及怎麼形塑「我是誰」的外在看法。久而久之，無形中成為發展真實自我的干擾，漸漸地忘記真正的自己到底是什麼模樣，也逐漸失去前進的方向和力量。當你努力的方向與自己真正要走的路不同時，才是人生痛苦的開始。

總之，當你處於這樣的困境，不知道自己到底在追求什麼、為什麼要做這件事的話，正是時候停止回應外在世界。當內在有了空間，自然會慢慢聽見自己真正重視的。接下來就帶大家透過不同層面，一起找出隱藏在內心最珍視的核心價值觀。

向內洞察「核心價值」的實際練習

洞察層面：從過去、現在、未來、人事物等不同層面切入。

Q1 從小到大，有沒有影響你很深的人？這些人影響你什麼？帶給你哪些影響？（可能是任何一位家人，爸爸、媽媽、爺爺、奶奶，師長、好友，甚至是不認識的人、欣賞尊敬的人、崇拜的人，甚至偶像等，只要是能帶給你影響，而這些影響直到現在對你來說都很重要，一直放在心上。）有無負面的經歷所帶來的影響？試著思考背後的價值意義。

以艾迪蘇為例

影響 1	影響 2	影響 3	影響 4
媽媽的「樂於分享、服務和無私的愛」、爸爸的「多才多藝、活在當下」深深影響了我。（#愛#分享#活在當下）	職場上看不慣「職場霸凌、不平等對待之事件」。（#正義感#同理心#公平）		

以上重視的價值觀摘要：
#愛 #分享 #活在當下 #同理心

練習

影響 1	影響 2	影響 3	影響 4

以上重視的價值觀摘要：

Q2 人們通常會做自己想做的事。每一個選擇都清楚說明了，自己的優先事項直接反映出價值觀。試著思考：日常生活當中，什麼對你來說是重要的？你的優先事項是什麼？你的閒暇時間都花在哪裡？

以艾迪蘇為例

日常生活當中什麼對你來說是重要的？
→ 工作與家人。（# 自我價值實現 # 親情）

日常生活當中有哪些重要的習慣或行為？
→ 信仰。（# 心靈力量 # 心靈平靜 # 內在智慧 # 慈悲）

你的閒暇時間都花在哪裡？
→ 自我理解知識探索。（# 知識探索 # 自我認識 # 內在力量 # 探索未知）

你覺得什麼樣的理想生活是充滿意義的？
→ 在熱情領域中能發揮自我價值，且有利於他人。
（# 自我實現 # 創造正向影響力 # 做自己熱愛的事 # 影響力）

近半年或一年錢都花在哪裡？
→ 學習、旅行。（# 知識 # 探索未知 # 探索世界）

> 練習

日常生活當中什麼對你來說是重要的？
➜

日常生活當中有哪些重要的習慣或行為？
➜

你的閒暇時間都花在哪裡？
➜

你覺得什麼樣的理想生活是充滿意義的？
➜

近半年或一年錢都花在哪裡？
➜

Q3 自我實現的旅程中,工作占據大部分時間,如能好好釐清每個階段自己重視的工作價值,就越能活出自己喜歡的樣子。透過下方的工作價值圖表,找到驅使自己的工作動力,以及渴望透過工作獲得什麼。挑選出職涯決策時最重要的 7 項考量標準,以及 3 項最不重要的。如果不在表格中、但是你重視的,可自行填寫。

家人	獨立作業	競爭	權力	薪資報酬	經濟富足
多元化	理想	挑戰	名聲	發展性	服務
社會貢獻	成就	歸屬感	時間自由	職業安全	迅速性
體力活動	室內活動	戶外活動	審美性	穩定性	閒暇
靈性	影響力	獨創性	地點	幽默感	彈性／變化
人脈	認同感	工作與生活平衡	環境保護	自律性	展望性
經濟穩定	正直	知識活動	創意性	體制化	團隊合作
協調性	專業性	藝術性	有愛的環境	成就	發展自我

以艾迪蘇為例

最重要的工作價值				最不重要的工作價值	
理想	經濟富足	服務	成就	體制化	傳統
知識活動	時間自由	影響力		迅速性	

練習

最重要的工作價值				最不重要的工作價值	

Q4 生命來到最後一天,墓誌銘上如果要用一兩句話來形容一生,你會希望怎麼寫?

以艾迪蘇為例

是一位溫暖的知識分享者與心靈支持者,支持他人看見內在力量與希望。

練習

Q5 從以下圖表的價值觀中,圈選出 10 個能代表你的自我價值觀。

成就	美麗	才華才能	保育	紀律原則
受到認同	魄力	同理心	一致性	忠誠奉獻
富足	療癒	社群	勇氣	平等對待
冒險	健康	溝通表達	領導	民主
美感	榮譽	公民參與	學習	果決
真誠	誠實	挑戰	知識	好奇心
善良	溫暖	關懷照顧	傳承	創造力

自主權	舒適	有所建樹	傾聽	愛
探索	家庭	信仰	環保	旅行
動力	靈活彈性	公正	分享	教導
教育	心流	安全感	慈善	有愛心
享樂	循規蹈矩	自我覺察	自我	有魅力
權力	打破規則	自由	有意義工作	專業
歡愉	寬恕	友誼	有競爭力	自我認識
性愛	務實	自我實現	慈悲	信念
隱私	獨處	熱情	正向思考	樂觀
世界觀	人緣	物質主義	浪漫	品味
趣味	無條件的愛	心靈平靜	權威感	世界和平
幽默	公平正義	探索未知	誠信	純真
腳踏實地	運動	活在當下	極簡	自我風格
有創意	不斷進步	歸屬感	伴侶關係	博愛
未來主義	慷慨大方	回饋	從容優雅	勤奮
包容	深思熟慮	團隊合作	有系統	和諧
身分認同	興趣	正念	玩樂	責任
改變	聰明才智	忠誠	觀點	嚴謹
獨立自主	正直	功績	個人成長	冒險犯難

影響力	創新	中庸	崇尚自然	名聲
獲得肯定	正向影響力	穩定	智慧	信任
品質	學習技能	永續發展	幸福感	真實
生產力	社會地位	支持	財富	團結
自我表達	社交	力量	願景	多元多樣
傳統	感動	靈性	簡單樸素	韌性
希望	大自然	啟發他人	時間	財務保障
做熱愛的事	利他	受尊敬	社會地位	蔬食主義
商業思維	雄心壯志	解決問題	內在力量	內在智慧

#價值觀不僅限於此，以上僅供參考。

Q6 從以上 Q1~Q5 所回答的價值觀中，挑選出 10 個能代表你的價值觀，並排序。思考一下為什麼。

以艾迪蘇為例

1	做熱愛的事	6	自由
2	正向影響力	7	利他

3	心靈成長	8	知識活動
4	成就	9	家人
5	經濟富足	10	理想

練習

1		6	
2		7	
3		8	
4		9	
5		10	

自我理解工具分享：透過「生命靈數＿生日數 & 命運數」的線索，一起掌握活出真實自我的價值觀。

※ 關於生命靈數的說明與算法請參見 47～48 頁。

以下分享的「生日數」與「命運數」對應的核心價值，皆可作為參考。

1~31 日生日數價值觀參考

生日數	核心價值觀
1 日	追求第一、渴望成功、獨立自主、冒險挑戰、創新、開創、超級領袖。
2 日	重視和諧、平衡、合作、支持他人、謙虛低調、情感關係、雙贏。
3 日	創新、創意、表達、挑戰嘗試新事物、幽默感、藝術、想像力、樂觀。
4 日	腳踏實地、權威感、被信任、責任、穩定務實、模範生。
5 日	熱愛冒險、好奇心、嚮往自由、自我價值、精采多元多樣生活、新體驗。
6 日	關愛、重情重義、責任、家庭、和諧平衡、無條件的愛、奉獻。

7 日	探究精神、自我風格、做自己喜歡的事、精神成長、內省、智慧。
8 日	多元發展、多方挑戰、熱血活力、權力與成就、目標導向、財富。
9 日	同理心、世界和平、創造力、關懷弱勢、理想主義、博愛。
10 日	追求第一、渴望成功、創新與革新、發揮創造力、獨立自主。
11 日	鼓舞、啟發他人、直覺靈感、靈性成長、革新、讓世界變得更美好。
12 日	精采生活玩家、藝術家、活出理想、活在當下、使命感、創造力。
13 日	實幹、紀律中帶有變化的樂趣、創新、正義感、自我表達。
14 日	自由、紀律、冒險、熱愛改變、嘗試新事物、行動力。
15 日	熱情、冒險精神、行動力、教導、中庸之道、關愛、家庭。
16 日	施與受平衡、重情重義、照顧他人、靈性成長、智慧。
17 日	信念、原則、專業度、獨立、財富、自我意志、實踐遠大夢想。

18 日	雄心壯志、不斷挑戰、成就與權力、商業、熱心公益、造福他人。
19 日	世界觀、多樣性、挑戰任何可能、企圖心、追求成就、領袖。
20 日	重視和諧、合作、照顧他人、支持他人、美感。
21 日	活出創造力、創造夢想、美感、表達、藝術。
22 日	大格局、實踐力、靈性追求、心靈發展、直覺、身心平衡、領袖。
23 日	冒險、自由、藝術家精神、活出精采獨特生活、追尋夢想、適應力。
24 日	理想、浪漫主義、愛的能量、藝術、美感、協調、平衡、助人。
25 日	講究細節、藝術家、探索、好奇心、渴望新知、邏輯分析、靈性。
26 日	大成就、雄心壯志、美感、溫柔、熱血、理想主義、人道主義。
27 日	創造力、新穎想法、想像力、雄心壯志、造福他人、理想主義。

28 日	追求成就與成功、領袖、開拓、冒險、勇於接受挑戰、照顧關愛。
29 日	理想主義、人道博愛、傳遞靈感、夢想家、創新思維、心靈。
30 日	純真、率真、勇於挑戰、自由奔放、工作玩樂沒有界限、創造、表達。
31 日	務實、穩定、創造力、藝術、表達、大自然。

命運數價值觀參考

命運數1	開創、領導、創新、第一、引領變革、自我實現、影響力。
命運數2	和諧、溫暖、情感連結、支持、合作、靈性探索、藝術與美感。
命運數3	創意與靈感表達、帶來快樂與希望、歡樂、活在當下、正向影響。
命運數4	穩定、安全、可靠、責任、秩序、長期目標、權威。
命運數5	自由、探索、打破框架、多元化體驗、學習、自我成長。

命運數6 愛、關懷、家庭、責任、奉獻、支持、藝術與美。

命運數7 獨處、專業、知識、真理、心靈提升、智慧。

命運數8 成就、財富、權力、影響力、創造社會價值、公益、領導。

命運數9 大愛、人道主義、正向影響力、內在成長、知識、服務奉獻。

　　核心價值觀可以支持幫助一個人，了解生活追求的主要目標與內在驅動力是否協調一致。透過掌握核心價值，將更清晰地做出與自己本質相符的選擇。

　　正如戴爾・卡內基提醒我們的：「不論在任何情況下，都不要放棄你的原則與信仰。」好好忠於自己，才是活出真實自我並成就個人使命的關鍵。

✏️「自我洞察地圖」線索掌握

◎ 時間有限，不要浪費時間活在別人的人生裡。不要被教條困住，不要活在別人思考的結論裡，不要讓旁人七嘴八舌的雜音淹沒了內在的聲音。要有聽從內心與直覺的勇氣。你的內心與直覺早已知道你真正想要成為什麼樣的人，任何其他事物都是次要的。

◎ 當我們開始停止對外在回應時，才能真正聽見內在的聲音，找到屬於自己的方向。

◎ 價值觀是一種處理事情判斷對錯、做選擇取捨時的標準。內在擁有什麼樣的價值觀，就會產生什麼樣的行為模式，進而形塑出什麼樣的生活，與成為什麼樣的人。

◎ 死亡並不恐怖，恐怖的是，在有生之年，沒有好好活出真實的自己。人生難免有遺憾，但從現在開始你的每一刻選擇，可以讓自己不後悔。

第六章

追尋心中的熱愛，
你將活出更好的自己

自我洞察階段❻：
向內洞察「興趣熱情」，找到深切熱愛的事情

遠大熱情的開端，都不過是追隨興趣而已

根據史丹佛大學人生實驗室對熱情的研究提到，「**熱情往往是透過不斷探索興趣與實踐逐漸培養出來的，而非一開始就明確知道自己熱愛什麼。**」與其將熱情視為固定或與生俱來，更貼切的是一種隨時間發展熱愛生命的展現。

回想 2020 疫情爆發那年，因為感受到未來工作的變動性，在危機意識的驅使下，勇於跨出舒適圈展開一連串的嘗試，從繪畫社群、網站架設、Podcast、副業等的經營，收穫了諸多回饋。但更大的收穫是追隨心中的渴望，開始學習自我理解的知識與技能，成為色彩能量療癒師、美國 NGH 催眠師、生命靈數解讀師、自我洞察諮詢師與教師等。過程中深深感受到自己對於自我理解領域

的熱情，哪怕面臨重重挑戰，也十分享受與個案、學生互動帶來的成就感、意義感，甚至對未來有了更多的想像。

或許這就是一種熱情的綻放。**你只是將注意力集中在渴望的美好事物上，就自然創造了更多美好的情境與意義，無形中也活出理想生活的樣貌。**去吧，去找到你的熱愛，因為它具有轉變生命的力量。當你活出內心最深處的熱情時，便如實展現自己真實的本質，人生使命就會自然而然、毫不費力地開展。

在探尋熱情時你要先選擇「感興趣的」，而非一個完美契合的答案。**興趣**，更大的存在意義是邀請人們起身體驗，在過程中投入與感受所有潛在的可能性與內在驅動力。所有遠大熱情的開端，都不過是追隨興趣而已。而當你愛上過程本身，美好的果實也將悄然而至。

熱情就像是升營火的過程，一開始可能只是小火苗，但持續添加柴火燃料、專注且耐心地照料，火焰就會越來越旺。戶外營火難免會遇到風雨，只要照料營火的心不變，隨著時間拉長就會迎來更強大的光與熱。

熱情的綻放是最後的獎勵，最重要的是你得先投入努力才行。更多時候，熱情是一趟旅途，不是目的地。好好在日常依循自己的熱愛做出選擇，你很快就會發現自己開始活出充滿熱情的生

活,無形中也點亮了自身和周圍世界。

熱情是什麼?我想,是那一夜我們升營火的畫面。

興趣與熱情的重點摘要

興趣 = 短期愛好,不涉及深層情感與動力

興趣指一個人覺得有趣且喜歡從事的活動,往往存在於那些你感到好奇、喜歡的體驗之中,但可能只是一種短期的愛好且非持續性的狀態,大多時候不涉及深層的情感與動力。興趣可以是輕鬆的、休閒的、娛樂的,沒有特定的目標與使命感。例如喜歡閱讀,但往往有時間想到才會看一下書,又或者對畫畫有興趣,但通常是紓壓放鬆時才會想畫畫等。

熱情 = 帶有深層動力的愛好,涉及價值理念等內在驅動力

熱情不是想到才做的興趣,是帶有更深層的動力,驅使你投入大量的時間精力,遇上困難挑戰也不放棄。因為熱情更深層的意義是一種存於內心的真實渴望,代表真實本質的你,是一種生命的展現,關乎用什麼態度度過人生。

熱情往往能帶來「成就感」、「幸福感」和源源不絕的「精神

活力」。例如你做了一件很有熱忱的事,即使體力耗盡,但心中卻是滿足的成就感,甚至感到幸福。你很清楚知道為何而做,這件事跟你有什麼關係,對你的意義是什麼。

生命的意義在於享受其中,當你不再享受時,很可能已經脫離真實自我的生命道路。為什麼活出真實自我、享受其中如此重要?回想那些古今中外的偉大成就者,哪一個不是熱愛著自己所做的事情,例如賈伯斯、馬斯克、大谷翔平、林書豪等。勇於追求心中的熱愛,你將活出更好的自己,好好相信熱愛的一切會為你指引方向。

接下來請打開心扉,試著傾聽生命歷程中在關注什麼?現階段的生命又想要創造什麼?開始將「專注力」聚焦在這裡,宇宙就會為你安排活出自我的路徑。

向內洞察「興趣熱情」的實際練習

洞察層面:從過去、現在、不同人事物之層面切入。

從過去到現在的興趣中挖掘熱情的線索,也在過程中感受「不斷重複的共通性要素」,從中了解並推演出貼近真實自我的熱情領域,以及現階段想做的事情。如蘋果創辦人賈伯斯說:「你無法預先把現在所發生的點點滴滴串聯起來,只有在未來回顧今日時,才會明白這些點點滴滴是如何串在一起的。所以你現在必須相信,眼前發生的點點滴滴,將來多少都會連結在一起。」因此,不要忽視生命歷程中任何感興趣的點點滴滴,持續感受與注入能量,終有一天都會燃起熱情的火苗,點燃生命之火。

Q1 回想從過去到目前為止,針對各階段有過的「興趣喜好」,或是曾經某個瞬間讓你有共鳴或受到鼓勵的、從事哪些活動會讓你忘記時間?在什麼時刻最忠於自己的內在、會感到開心快樂?哪些事情做起來雖然累,但心裡卻是滿足的?寫下來。如果那個階段是空白的也沒關係,就留白。最後寫下 3~5 個關鍵字。

以艾迪蘇為例

國小	國中	高中	大學	出社會後	目前階段
桌球		畫畫	購書	閱讀	閱讀

畫畫		看小說	閱讀	心理相關	自我理解
寫作文		大自然	畫畫	自我認識知識與工具	
		打籃球	看小說	心靈療癒	

根據以上興趣喜好,寫下你目前有感的 2~3 個興趣關鍵字(建議也思考一下與哪些領域相關)。

#文字領域 #自我理解領域 #心靈療癒

練習

國小	國中	高中	大學	出社會後	目前階段

根據以上興趣喜好,寫下你目前有感的 2~3 個興趣關鍵字(建議也思考一下與哪些領域相關)。

Q2 在數位網路上,你都關注、訂閱、搜尋哪些人事物?哪些你會按讚、分享、收藏?對哪些領域、主題持續關注並蒐集資訊?

以艾迪蘇為例

人	事物	領域(主題等)
#自我理解專家 #心理師 #療癒師 #通靈師	#音樂 #藝術與設計 #蔬食 #書籍 #奧祕學等自我理解工具	#身心靈相關 #療癒 #韓流(K-pop、韓劇等) #信仰(佛教、天使、道教等) #自我理解領域

練習

人	事物	領域(主題等)

Q3 回想近一年的時間,你大部分的錢都花在哪裡?食衣住行育樂皆不限,寫下生活中前三大花費最多的事,思考其中理由。

以艾迪蘇為例

	No.1	No.2	No.3
項目	學習	旅行	購書
理由	對於自我理解領域工具的深入探索。	放鬆/生活體驗。	知識需求。

練習

	No.1	No.2	No.3
項目			
理由			

Q4 如果可以,你想身處哪一個領域?或哪類知識技能能讓你展現自我價值,發光發熱?你想在哪些領域展現自我價值、占有一席之地或成為專家達人?

以艾迪蘇為例

領域 1	領域 2	領域 3
自我理解領域	療癒領域	生命靈數領域

練習

領域 1	領域 2	領域 3

Q5 試著思考接下來半年或一年,有沒有你想學或想做的事?實際的目標為何?

以艾迪蘇為例

想學或想做的事	半年或一年內的目標
＃占星學習 ＃人類圖學習 ＃阿卡西學習 ＃自我理解日曆設計 ＃天賦使命牌卡設計 ＃旅行	＃好好生活家網站架設 #Podcast 穩定經營（＃職人系列 ＃療癒系列）

練習

想學或想做的事	半年或一年內的目標

Q6 從下列圖表中直覺圈選出有興趣的項目，可圈選 15~20 項。不管是有興趣、喜歡的、想做一直未做的，挑選出真正有興趣想體驗的。

瑜伽／空中瑜伽	保齡球	宇宙	心理勵志	藝術設計
時尚	柔術	商品設計	時尚媒體	工業設計
大自然	花藝設計	美學	廣告創意	農場
心理學	音樂	自由搏擊	出版社	武術
平面設計	創作	藝術	個人網站經營	攝影
社群經營	室內設計	農業	造景設計	塔羅
寫作	療癒	身心靈	占星	跆拳道
烘焙	拳擊	影像製作	諮商	樂器
靈性	演戲	空中絲帶	籃球	小動物
書籍	短影音	舞台設計	火舞	書法
建築設計	動畫	品酒師	特技	林業
建築巡禮	理財	創業	口技	歌曲創作
色彩療癒	行銷傳播	能量療癒	鋼琴	綜合格鬥
商業經營	文學	舞台表演	部落客	戶外活動
公仔	天文	舉辦活動	創作者	小說
收藏	療癒師	讀書會	冥想	諮商師
AI工具	化妝師	衝浪	公關活動	3C
魔法	桌遊	巫師	電影	娛樂電玩
麵包製作	電競	沙發客	電視	髮型設計

筆記本	烹飪	創意寫作	報紙	化妝
牌卡	甜點製作	催眠	雜誌	蠟燭製作
編織	希塔療癒	寫日記	糖果製作	宗教
感恩日記	道家	信仰	生命靈數	宗教藝術
舞蹈	人類圖	文具	手繪插畫	佛法
命理	居家軟裝設計	唱歌	靈性彩油	占卜
風水	諮詢	巫術	素描	運動
八字	家具設計	健身	紫微斗數	家具製作
珠寶設計	電影影像製作	舉重	時尚設計	生存遊戲
拼圖	彩繪指甲	遊戲製作	桌球	性愛
社交	網路交友	靈氣療法	剪貼日記	演講
虛擬實境遊戲	藝術寫生	簡報	企畫	寵物
簡單生活	魔術	Podcast	網路直播	創業
水族飼養	各式球類	地理學	英語	語言
冒險者	夢想家	研究員	數學	醫學
Podcaster	傳播者	電腦資訊	汽車業	超跑
健美	盆栽	環遊世界	騎車	航空業
賞鳥	滑雪	城市旅行	騎單車	釣魚
天文學	積體電路	歷史學	化學	飲食

生命教育	親子	靈媒	網頁設計	通靈
露營	旅行	氣功	登山	鐵路旅行
服飾品牌	潮流穿搭	鞋包配件	健身飲食	香氛spa
教育	醫學	水晶	自行車	天命
美妝	療癒小物	娛樂	心靈成長	美食
追劇	星座運勢	心理測驗	環保	數位游牧
副業	草藥	自我理解	網路購物	購物
微生物學	斜槓	哲學	研究	物理學
科技	辯論	運動科學	明星	同志
跑步	滑板	塗鴉	跳傘	考古學
中國功夫	潛水	度假	志工	潛能探索
鋼管舞	背包旅行	空拍	DJ	體育
汽車	喪禮	婚禮	旅館	遊樂園
美容	酒	蔬食	養生	營養
復健	醫藥	醫療技術	金融	素食
社會福利	職涯	語言	政治	保育
不動產	買房	戀愛	結婚	服務業
服飾	船	家庭	業務	銷售
按摩	薩滿	輔導	研究員	閱讀

演藝圈	保全	照護	玩具	經濟
香菸	投資理財	證照	會計	職場
人類學	社會學	軍事	法律	領導
經濟學	社會議題	培訓	閱讀	國際關係
傳記	人格天賦	心理諮商	個人成長	快樂學
潛能開發	人際關係	兩性關係	家庭關係	生活哲學
熟齡生活	生死學	神祕學	靈異	佛教
知識	命相／命理	民間信仰	天主教	基督教
大腦科學	植物	地球科學	建築師	自然療法
中醫	經絡穴位	能量學	氣功／呼吸法	頌缽
飲食保健	育兒	藝術療癒	水晶療癒	阿卡西療癒
瘦身	健康	性愛指南	咖啡	食譜
居家生活	塑身	高階職務	美容保養	正念
親子教育	性感寫真	劇本	編劇	漫畫
諸子百家	馬雅13月亮曆	天使	芳香療法	脈輪
鬼神	玄學	魔法	靈能力	（自行填寫）
（自行填寫）	（自行填寫）	（自行填寫）	（自行填寫）	（自行填寫）
（自行填寫）	（自行填寫）	（自行填寫）	（自行填寫）	（自行填寫）

Q7
將透過前面問題所得到的答案分類歸納，在下列的九宮格區塊，分別將相仿的「人事物」放在同一個區塊。不知如何歸納的都放在九宮格之外。

以艾迪蘇為例

1：冒險開創性、獨立創造、領導管理、創業等相關能量。	4：組織與系統、邏輯性、建構性、策略規畫、組織管理、穩定性等。	7：研究分析、靈性探究、神祕領域、哲學、自我認識、大自然等相關能量。 占星、阿卡西、人類圖
2：敏銳感知、溝通協調、療癒性、藝術創作等能量。	5：五種感官體驗、學習、語言、傳播、自由、創新變化、冒險挑戰等相關能量。 旅行	8：商業、投資、財務、權力、物質、轉換等相關能量。 好好生活家官網架設
3：創意創作展現、各種藝術形式與表演表現、娛樂性、表達、社交等。 Podcast穩定經營 （#職人系列 #療癒系列）	6：愛、家庭、教學、教導、照顧、輔導、心理、美學等相關能量。	9：公眾事務、社會福利、無私奉獻等相關能量。 學校演講分享

練習

1：冒險開創性、獨立創造、領導管理、創業等相關能量。	4：組織與系統、邏輯性、建構性、策略規畫、組織管理、穩定性等。	7：研究分析、靈性探究、神祕領域、哲學、自我認識、大自然等相關能量。
2：敏銳感知、溝通協調、療癒性、藝術創作等能量。	5：五種感官體驗、學習、語言、傳播、自由、創新變化、冒險挑戰等相關能量。	8：商業、投資、財務、權力、物質、轉換等相關能量。
3：創意創作展現、各種藝術形式與表演表現、娛樂性、表達、社交等。	6：愛、家庭、教學、教導、照顧、輔導、心理、美學等相關能量。	9：公眾事務、社會福利、無私奉獻等相關能量。

Q8 透過前面得到的答案,試著靜下心來思考,接下來半年或一年內,你最想完成的有哪些事情?排序出前三大優先事項。

以艾迪蘇為例

排序一	排序二	排序三
天賦使命牌卡設計	好好生活家官網架設	旅行

練習

排序一	排序二	排序三

Q9 最後一題,閉上眼發揮一下想像力,想像當你過著理想生活時,是什麼樣子?你正在做什麼?是什麼讓你生活充滿喜悅、熱忱、興奮與感到滿足?那個畫面是什麼?試著寫下一份你的熱情清單。

以艾迪蘇為例

熱情一 透過教學、諮詢、自媒體,支持更多人活出自我價值與理想人生。

熱情二 在各大學校演講分享。

熱情三 與充滿活力的團隊一起工作。

練習

熱情一

熱情二

熱情三

當我們談論人生時，常常誤以為目標是我們該全力追逐的東西。但事實上，目標只是你選擇去創造的結果，生命熱情才是如何度過人生的方式。你可以為自己設定無數個目標，賺多少錢、買什麼車、成為什麼樣的人，但如果沒有熱情，這些目標即使實現了，日子還是乾巴巴，像一張沒人想翻的行事曆。

熱情是讓你每天醒來還想再來一次的理由，它是一種狀態，一種對世界仍然好奇、對生活仍然期待的感覺。當你專注於熱情，目標自然會發生，它們不再是壓力，而是順理成章的副產品。所以，不要問：「我還有多少未完成的目標？」問問自己：「我還有多少熱情願意把日子過得精采？」

你所追尋的是生命熱情，而不是目標。生命熱情是你如何度過人生，目標則是你選擇在生活中去創造的東西。所以，好好從內在本質出發，找到你熱愛生活的方式吧！

自我理解工具分享：透過「生命靈數＿生日數 & 命運數」的線索，一起掌握活出真實自我的興趣熱情。
※ 關於生命靈數的說明與算法請參見 47 ～ 48 頁。

以下分享「生日數」與「命運數」對應的興趣與熱情方向，皆可作為參考。

生日數 & 命運數	興趣熱情展現
• 生日數 1 號人 （出生日1、10、19、28日皆為生日數1號人） • 命運數 1 號人 （西元出生年月日相加至個位數為1，皆為命運數1號人）	1號人適合展現開創性、創造力、打破成規、領導、個人想法與創意、獨立作業或規畫、創業、改革、藝術創作等特質。 例如：企業家、獨立事業開創者、領導者、設計師、導演、發明家、編劇、作家、製片、社會運動者、政治家、科技創新者、新創產業、藝術創作等。
• 生日數 2 號人 （出生日2、11、20、29日皆為生日數2號人） • 命運數 2 號人 （西元出生年月日相加至個位數為2，皆為命運數2號人）	2號人適合展現敏感溫柔、同理心、情緒理解力、高度敏銳力、觀察、為他人爭取權益、合作、關懷或支持他人、服務、端正不公之事、藝術創意等特質。 例如：顧問、律師、心靈支持相關工作、藝術家（作家、作曲家、設計師等藝術工作）、社會工作者、護理照顧人員、和平運動者、心理學家、輔導員、人力資源、志工服務等。

• 生日數 3 號人 （出生日3、12、21、30日皆為3號人） • 命運數 3 號人 （西元出生年月日相加至個位數為3，皆為命運數3號人）	3號人適合展現原創性、創意發想、好奇心、傳遞理念、表達性、分享個人想法、藝術性、理想性等特質。 例如：口語表達、表演藝術家、作家、諧星、表達型藝人或網紅、任何創造夢想、藝術表演（音樂、舞蹈、繪畫等）、網路工作、時尚等。
• 生日數 4 號人 （出生日4、13、22、31日皆為4號人） • 命運數 4 號人 （西元出生年月日相加至個位數為4，皆為命運數4號人）	4號人適合展現邏輯性、結構性、組織、建造、規畫、分析、穩定等特質。 例如：任何與身體和心理建造的工作都與結構性4號有關，如：工匠、化工等技術工作者、藝品修復師、建築師、工程師、會計師、分析師、占星師、心靈類諮詢師或導師、分析師、顧問、執行與管理類、組織規畫類、統籌分配、活動規畫等。

• 生日數 5 號人 （出生日5、14、23日皆為5號人） • 命運數 5 號人 （西元出生年月日相加至個位數為5，皆為命運數5號人）	5號人適合展現靈活腦筋、創意點子、彈性變化、好奇心、挑戰性、自由度、溝通表達、蒐集新資訊等特質。 例如：業務型、時尚流行媒體、媒體編輯、Youtuber、Podcaster、寫作、行銷廣告業、空服員、導遊、口譯人員、自由業者、遊牧工作、記者等。
• 生日數 6 號人 （出生日6、15、24日皆為6號人） • 命運數 6 號人 （西元出生年月日相加至個位數為6，皆為命運數6號人）	6號人適合展現愛心、同理心、關懷、責任感、正義感、美學、藝術感、照顧、引導他人、喚醒人心等特質。 例如：諮商、輔導、社會工作者、醫療、保母、激發他人向上之引導工作、教導、非營利組織、藝術家、設計師、公益等。

• 生日數 7 號人 （出生日7、16、25日皆為7號人） • 命運數 7 號人 （西元出生年月日相加至個位數為7，皆為命運數7號人）	7號人適合展現探究、分析、闡述比對、探究真理、尋找真相、調查研究、整理歸納、觀察追蹤、獨立思考等特質。 例如：心靈師、療癒師、占星家、作家、工程師、律師、科學家、研究員、學者、心理學家、哲學家、宗教學者、靈性導師、顧問、分析師等。
• 生日數 8 號人 （出生日8、17、26日皆為8號人） • 命運數 8 號人 （西元出生年月日相加至個位數為8，皆為命運數8號人）	8號人適合展現高度組織與策畫力、統整力、統籌規畫、統御能力、組織布局、規畫步驟、領導能力、執行細節力、觀察力、洞察力等特質。 例如：企業家、創業者、一級幕僚或主管、財務規畫、金融分析、投資顧問、律師、營造建築、法務、祕書、心理師、刑事鑑定、靈媒、靈性工作者等。

• 生日數 9 號人 （出生日9、18、27日皆為9號人） • 命運數 9 號人 （西元出生年月日相加至個位數為9，皆為命運數9號人）	9號人適合展現同理心、換位思考、規畫未來發展、未來性、理想性、願景與格局深遠、藝術創業、文化與社會、教育、啟發、社會公益等特質。 例如：教育家、社會工作者、非營利組織、心理諮詢師、療癒師、藝術家、作家、人道工作者、外交官、職涯教練、慈善社會公益、文化工作等。

✎「自我洞察地圖」線索掌握

◎ 所有遠大熱情的開端，都不過是追隨興趣而已。而當你愛上過程本身時，美好的果實也將悄然而至。

◎ 熱情往往是透過不斷探索興趣與實踐逐漸培養出來的，而非一開始就明確知道自己熱愛什麼。與其將熱情視為固定或與生俱來，更貼切來說是一種隨時間發展熱愛生命的展現。

◎ 你只是將注意力集中在渴望的美好事物上，就自然創造了更多美好的情境與意義，無形中也活出理想生活的樣貌。

◎ 去找到你的熱愛,因為它具有**轉變**生命的力量。當你活出內心最深處的熱情,便能如實展現自己真實的本質,人生使命就會自然而然、毫不費力地開展。

◎ 探尋熱情時你需要的是先選擇「感興趣的」,而非一個完美契合的答案。興趣,更大的存在意義是邀請人們起身體驗,在過程中投入與感受所有潛在的可能性與內在驅動力。

◎ 熱情的綻放都是最後的獎勵,重要的是你得先投入努力才行。更多時候,熱情是一趟旅途,它不是目的地。

◎ 興趣＝短期愛好,不涉及深層情感與動力。

◎ 熱情＝帶有深層動力的愛好,涉及價值理念等內在驅動力。

◎ 生命的意義在於享受其中,當你不再享受,很可能你已經脫離真實自我的生命道路。

◎ 勇於追求心中的熱愛,你將活出更好的自己,好好相信熱愛的一切會為你指引方向。

◎ 記得,你所追尋的是生命熱情,而不是目標。生命熱情是你如何度過人生,目標則是你選擇在生活中創造的東西。所以,好好從內在本質出發,找到你熱愛生活的方式吧!

第七章

沒有什麼比真心渴望，更能創造理想生活

自我洞察階段❼：
向外建構「理想生活」，
確立真心想做的事與渴望的生活狀態

確立未來的生活藍圖，練習放鬆信任

建構未來理想的生活藍圖，是自我洞察階段中第七大重要歷程，幫我們確立「真正想做的事」、「想擁有什麼」、「想過怎樣的生活」、「想成為怎樣的人」，更重要的是釐清現階段啟動理想生活的的關鍵第一步和實踐的先後順序。

十大自我洞察階段從系統性地檢視過去、釐清現在、想像未來，結合意識層面自我對話的理性邏輯，與潛意識層面的「生命靈數」感性直覺，掌握先天與後天優勢，挖掘熱情領域，同時對齊靈魂內在信念與價值並確認「天職（真正想做的事）」，實踐使命意義，建構理想生活。

活出真我：一場意識與潛意識的探索之旅

自我洞察術
外在・理性邏輯

意識 Conscious
過往生命路徑所扮演的角色與經驗。包含性格、天賦才華、後天強項、興趣熱情、內在價值、理想渴望甚至是使命意義的形塑，都與你的生命路徑有所關聯。

我

生命靈數
內在・感性直覺

潛意識 Unconscious
過去所傳承累積的經驗記憶，較無法直接覺察的，很大一部分也承載著過去靈魂的記憶。
你的天賦、未來方向等生命線索，早存於身上。

從第一章到第六章的自我對話，讓我們更深層地認識「我是誰」。

階段❶：檢視目前生活，釐清生活現狀與課題所在。
階段❷：向內洞察「先天能量」，了解你的性格本質。
階段❸：向內洞察「先天優勢」，挖掘你的天賦才華。
階段❹：向內洞察「後天強項」，掌握你的知識、經歷、技能。

階段❺：向內洞察「核心價值」，釐清內在真正重視的價值。

階段❻：向內洞察「興趣熱情」，探索你喜歡的熱情領域。

以上路徑讓我們掌握先天與後天的優勢、熱情領域、內在信念與價值為何，以及**「我是誰」**。接著要進入下個階段**「我要往哪去」**。

階段❼：向外建構「理想生活」。

> 我是誰 > 我要往哪去 > 我該如何去 > 理想生活

在生命旅程中，想要顯化理想生活務必記得以下三大原則，我想這是任何人在創造想要的樣貌、事物與生活的關鍵法則。

目標明確

當你的目標明確，也代表未來是明確的。如果未來目標模糊，可想而知未來大多也是模糊的。有覺知地釐清自己想在現階段的生活創造些什麼，顯化的關鍵永遠是先有清晰的畫面感。

持續專注

聚焦於想顯化的事物上，**生命中很多不經意就完成的事情，往往是來自於信念與當下不易覺察的默默累積**。專注，是各界菁英

公認邁向成功的關鍵。尤其處在訊息繁雜的時代裡,誰能一心不亂,誰就擁有強大的創造力。

放鬆信任

清楚知道眼下在做的這件事「跟自己有什麼關係」、「對自己有什麼意義」,遇上困境就別再懷疑,信任你的選擇,保持放鬆開放的態度。很多時候成就一件事需要一點時間,「別急,讓子彈飛一會兒。」信任一切的安排,終將迎來理想的樣貌與生活。

> **對自己的認識和對未來的理解越深刻,
> 生活也將趨向正向變化**

關於理想生活,大家都想要金錢豐盛、財富自由、時間自由、心靈自由、被愛包圍等,這些都是我們在建構理想生活過程中,所伴隨而來的美好狀態。重要的是,我們要先靜心向內探索,先去感受潛藏內心的深切熱愛。當你追尋心中的熱情時,一切自有因緣安排,一切的自由與豐盛也因你內在真實的投射而來。

理想生活概念正是藉由內在本質出發,透過實踐自己真正喜歡的事情,活出對生命的熱愛,無形中創造出獨特的自我價值,順

從不同階段的渴望，逐步向外建構理想生活的樣貌。（＊理想生活提及的本質，包含你的性格特質、天賦才華、後天強項、核心價值、興趣熱情、內在真實渴望與目標、使命感等相關的元素。對齊真實的本質，才有能力活出更具深度的自我價值。）

記得有一次我在 Instagram 的限時動態發出一個問題：「什麼是你的理想生活？」當時大家踴躍回覆如下：

- 擁有一間自己的房子，擁有自己的事業，跟我所愛的人一起生活。
- 想要到處旅行，同時能夠以喜歡的方式賺取財富。
- 希望未來旅居國外、透過遠端工作生活，達到財富自由。
- 在海邊擁有一間工作室，成為講師接案維生。
- 做喜歡的事，讓自己生活充滿喜悅與熱情。
- 早晨被陽光、鳥兒叫醒，開啟落地窗，看見海洋、草地，自由舒心的創作，金錢豐盛的流動。
- 創業成立獨立工作室，自由又優雅的工作與生活。
- 與靈魂伴侶一起感受豐盛喜悅的生活。
- 我想要當一位畫家，環遊世界。
- 當一個很酷的刺青師維生，早上在陽光燦爛的地方醒來時，一旁躺著所愛之人。

只要是你真實的渴望，哪一種狀態都是正確的。但是，為什麼

很多人仍未感受理想生活的可能性？這些人大致可分為四大類：

第一類，希望做喜歡的事，卻不曉得自己真正喜歡的是什麼。（我不知道）

第二類，知道自己想做什麼，但又不確定對不對，導致遲遲不敢向前邁進。（我不確定）

第三類，沒搞清楚先後順序。例如財富自由是理想生活的附屬品，最大的問題是不知道要靠「有意義的方法」（由內出發，而不是外在）抵達理想生活。（我搞錯）

第四類，知道自己想做什麼但缺少執行力。**想怎麼收穫，就得先栽種。**

以上除了第四類缺少執行力，前面三類都有一個核心關鍵，就是不清楚**「真心喜歡的事情」**。因此，抵達理想生活的第一步，就是先確立內在真心想做的事情。這也是實踐的「方法與手段」，而且是從自己出發，就是前面帶大家探索的，例如自己擅長的、喜歡的、重視的。

關於理想生活的建構，除了確認真心想做的事，發揮自己的本質與對應內在渴望，更重要的是將畫面感建構得更清晰。想顯化的元素越完整，感受越深刻，這樣的未來就在不遠處。確認畫面感是否夠清晰的關鍵在於，內心是否有真實的興奮感，想要即刻實踐，也信任它一定會成真。

理想生活階梯

```
            成為
          什麼樣的人

         實現某種生活情境

      想獲得的物質條件與精神意義

         真心想做的事
    性格、天賦、熱情、價值觀、渴望、目標、使命感
```

啟動理想生活關鍵第一步：
確認真心想做的事，是一種實現理想生活的方法與手段策略

向外建構「理想生活」的實際練習

透過四大步驟建構理想生活藍圖。

步驟一,釐清真心想做的事情

在釐清自己真心想做的事情前,先帶大家從下圖理解「想做的事情」與「真心想做的事情」之間的差別。

「想做的事情」思維架構:

想做的事情就是你感到好奇有興趣的事情,能發揮個性特質,也能發揮你的優勢能力。例如從事廣告業是我過去的目標,當時我知道自己在美感上的天賦,加上對廣告業有興趣,覺得自己在個性特質上適合這一行。因此,進入廣告業是我當時「想做的事」。

簡言之,想做的事可以試著從「興趣領域 × 優勢能力 × 個性特質」去跨界思考組合。

「真心想做的事情」思維架構:

釐清真心想做的事情,最重要的關鍵在於重視的「內在價值觀」是什麼。這部分可以參考階段❺:洞察「核心價值」挖掘出的線索。

這些線索都是檢視你想做的事是否為真心想做的事情的判斷標準。內在重視的價值是人生軸線上的軸心,同時符合內在與外在需求。

就像我過去從事廣告工作並非不能發揮才華,只是較難對應

內在重視的價值,例如知識、分享、平等、精神生活、引導、創造、獨立、自由等,這些看似平常的意義或狀態,卻是檢視真心想做的事情的關鍵要素之一。

接下來試著練習確認,你想做的事情中是否包含著內在重視的價值?

可以從前面幾章的練習得到的線索填入,試著檢視你想做的事情是否為真心想做的事。

以艾迪蘇為例

	想做的事	興趣	優勢	個性特質	核心價值
範例	自我洞察諮詢師	自我理解相關工具	引導他人鼓舞他人表達能力	溫暖的幽默的機靈的	啟發他人知識自我風格利他心靈成長

以艾迪蘇為例

	想做的事	興趣	優勢	個性特質	核心價值
範例	色彩能量療癒師 課程設計	自我理解領域 能量療癒	邏輯系統建構 口語表達 敏銳感知 引導	溫暖的 積極行動	知識 創新 啟發他人 教導 自我風格

練習 1

	想做的事	興趣	優勢	個性特質	核心價值
範例					

練習 2

	想做的事	興趣	優勢	個性特質	核心價值
範例					

步驟二,你想獲得的物質狀態與精神意義

檢視現階段「真心想做的事情」,在半年或一年後,你想透過這件事為你帶來哪些物質條件與實踐哪些精神意義?(在自我實現的旅程中,內在力量的支持具有一定的影響力。)

以艾迪蘇為例

物質條件	線上自我洞察學院
精神意義	練習「放鬆、信任、活在當下」

練習

物質條件	
精神意義	

＊精神與心靈狀態諸如:安全感、信任、純真、活力、放鬆、幸福、創造力、熱情、分享、力量、勇敢、理智、愛、溫暖、同理心、希望、美感、表達、智慧、覺察、覺醒、清明(晰)、直覺、專注當下、活在當下、服務、慈悲、進化、寧靜、和諧。試著在上表寫下你重視或想追求的精神意義。

(價值觀與精神意義差別:價值觀是指個人用以辨別事物對自己的重要程度,決定取捨的一種判斷標準或綜合性的價值架構,我們所做的每一件事、每一個

決定都是基於能意識到或不能意識到的信念、態度和價值觀。精神意義是指一個人在每個當下的能量頻率狀態,這些頻率需要不斷在每日生活中練習而達到平衡,甚至是提升的狀態。)

步驟三,你想實現或體驗的生活情境

以艾迪蘇為例

理想生活情境 1	於各地學校演講,分享發展獨特自我之重要性
理想生活情境 2	於實體、網路上分享自我洞察術,支持更多人活出內在力量
理想生活情境 3	一邊工作,一邊旅行探索世界

練習

理想生活情境 1	
理想生活情境 2	
理想生活情境 3	

步驟四,你想成為什麼樣的人

以艾迪蘇為例

角色 1	內在力量的呼喚者
角色 2	自我理解工具的創造者
角色 3	勇於探索生命的冒險者

練習

角色 1	
角色 2	
角色 3	

最後，將上述理想生活關鍵要素填入下方表格

以艾迪蘇為例

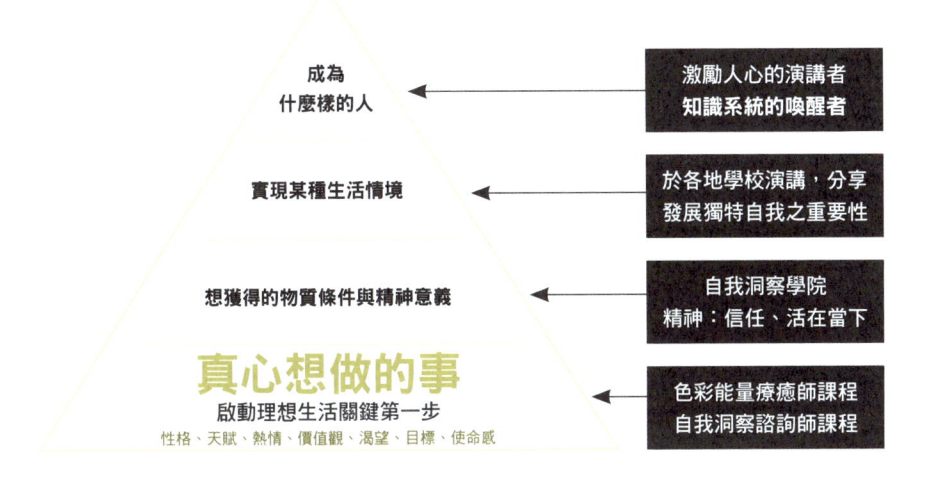

- 成為什麼樣的人 ← 激勵人心的演講者 / 知識系統的喚醒者
- 實現某種生活情境 ← 於各地學校演講，分享發展獨特自我之重要性
- 想獲得的物質條件與精神意義 ← 自我洞察學院 / 精神：信任、活在當下
- **真心想做的事** ← 色彩能量療癒師課程 / 自我洞察諮詢師課程
  啟動理想生活關鍵第一步
  性格、天賦、熱情、價值觀、渴望、目標、使命感

練習

- 成為什麼樣的人 ←
- 實現某種生活情境 ←
- 想獲得的物質條件與精神意義 ←
- **真心想做的事** ←
  啟動理想生活關鍵第一步
  性格、天賦、熱情、價值觀、渴望、目標、使命感

自我理解工具分享：透過「生命靈數＿命運數」的線索，一起掌握活出真實自我的理想生活樣貌。

※ 關於生命靈數的說明與算法請參見 47～48 頁。

下述分享每個人「命運數」蘊涵的頻率意義，揭示一個人渴望的理想展現。以下為命運數 1～9 號人之「理想生活樣貌」。

命運數	理想生活樣貌參考 ＊要活出理想的樣貌與生活，需要以自我洞察為基礎，結合個人的特質、天賦、內在渴望（核心價值）和熱情，建立一個平衡且充滿意義的理想生活框架。
1 號人	命運數1號人是「天生具有強大力量的開創者與領導者」。 摘要：開創與領導——追求自我實現，從行動、勇氣、意志中提取能量，善於以創造、創意、領導為武器，成為開創者與領袖。 • 特質：獨立、自信、行動、企圖心、樂觀、勇氣、意志。 • 天賦：創造力、創意的原創性、領導魅力、生意直覺。 • 內在渴望：追求第一、設立大膽目標、自我實現、有影響力、獨立自主。 • 熱情：具有開創性、打破成規、領導、創意、革新等類別。 理想生活樣貌：追求卓越，用領導力與創造力開拓未知世界，並實現自我價值，成為啟發他人前行的光芒。

2號人	命運數2號人是「天生具有溫柔的和平使者與協調者」。 摘要：和諧與合作——追求和諧、和平，從溫柔、傾聽、耐心中提取能量，善於以協調、敏銳感受、直覺為武器，成為和平者與支持者。 • 特質：溫柔、善良、敏感細膩、體貼、情感豐富、謙虛。 • 天賦：感知力、直覺、審美藝術、療癒力、協調、傾聽。 • 內在渴望：樂於支持他人、和諧、團結、人際連結、追求靈性探索和內在和平、貢獻。 • 熱情：具有幫助服務性質、藝術創意、藝術、心靈療癒、公益等類別。 理想生活樣貌：用溫柔的力量連結與支持這個世界，在和諧與愛中成就自我，成為平和世界的和平之光。
3號人	命運數3號人是「天生具有創意歡樂的表達者與感染者」。 摘要：表達與創造——追求自我表達，從好奇、想像、歡樂提取能量，善於以創意、表達、藝術為武器，成為表達者與感染者。 • 特質：赤子之心、好奇心、歡樂、幽默、樂觀、行動力。 • 天賦：創意能力、溝通表達力、語言力、藝術設計、表演。 • 內在渴望：用創意點亮生活、活在當下、人生就是舞台、多采多姿、分享靈感與快樂、讓人展現笑容、人際連結。 • 熱情：具有創意性、思考性、藝術性、表演性等類別。 理想生活樣貌：活在當下，用創意點亮每一天，用快樂感染每一個人，讓靈感成為你人生最亮麗的色彩。

4號人	**命運數4號人是「天生具有務實力量的實踐者與建構者」。** 摘要：穩定與實現──追求穩固基礎，從紀律、耐心、專注中提取能量，善於以計畫、管理、建立為武器，成為實踐者與就建構者。 • 特質：務實、穩定、規矩、紀律、理性、可靠、誠摯溫厚。 • 天賦：組織能力、管理能力、制定計畫、細節、邏輯。 • 內在渴望：穩定的成長環境、按計畫性工作、成為支持他人的穩定力量、權威感、受尊重與信賴。 • 熱情：具有組織、建設、規畫所有與身體和心理建造相關。 理想生活樣貌：用穩定的腳步創造未來，用計畫與耐心建構夢想，一步步成為一股兼具權威與信賴的力量。
5號人	**命運數5號人是「天生具有變化力量的冒險家與探索者」。** 摘要：自由與冒險──追求多樣性體驗，從熱情、探索、改變中提取能量，善於以溝通、靈活、創意為武器，成為冒險者與探索者。 • 特質：熱情、好奇心、活力、適應力、樂觀外向、靈活力。 • 天賦：溝通能力極高、創新創意、社交魅力、多才多藝。 • 內在渴望：熱愛自由、多元化生活體驗、新奇挑戰、自我成長、多元學習、突破中實現自我價值、內在平靜。 • 熱情：創意點子、彈性變化、自由、口語表達、流行趨勢。 理想生活樣貌：讀萬卷書，行萬里路。用自由擁抱世界的多樣性，用成長探索生命的無限可能，讓每一次冒險都成為形塑真實自我的力量，無形之中也啟發更多人找回做自己的勇氣。

6號人	**命運數6號人是「天生具有關愛力量的照顧者與引導者」。** 摘要：愛與責任──追求內外平衡，從關懷、奉獻、親密中提取能量，善於以教導、療癒、美學為武器，成為引導者與照顧者。 • 特質：無條件的愛、慈愛、奉獻、正義、照顧、責任。 • 天賦：教導、療癒、解決問題、藝術設計、美學、創造力。 • 內在渴望：身心平衡、愛與和諧、愛自己、奉獻回饋、喜歡美麗事物、家庭和親友間的情感連結、發揮藝術與美。 • 熱情：具有重大社會責任、照顧、教育、療癒、藝術設計、社會公益等類別。 理想生活樣貌：用關愛與支持編織生命的美好，讓每一份引導與奉獻都成為形塑自我的幸福源泉。
7號人	**命運數7號人是「天生具有探究力量的專家達人與心靈師」。** 摘要：心靈與智慧──追求真相與真理，從獨立、探究、懷疑中提取能量，善於以分析、洞察、直覺為武器，成為專家與心靈師。 • 特質：獨立、自我堅持、要求、完美、冷靜、責任。 • 天賦：理性分析、敏銳、直覺、洞察力、觀察、策略。 • 內在渴望：享受獨處、追求知識與真理、生命意義、心靈提升、智慧、啟發他人、覺悟。 • 熱情：具有探究、研究、專業性、心靈、哲學、神祕學等。 理想生活樣貌：在探尋中尋找智慧與真理，在內心中找到平靜，用靈性洞察生命，帶來啟發每一個生命的光輝。

8號人	命運數8號人是「天生具有開拓力量的成就實踐家與慈善家」。 摘要：力量與成就──追求成就與財富，從熱血、開拓、執行提取能量，善於以領導、建構、商業敏銳為武器，成為成就實踐家與慈善家。 • 特質：熱血、行動實踐、果斷、好奇心旺盛、力量、挑戰。 • 天賦：領導、組織、策略、決策、商業頭腦、財務意識。 • 內在渴望：成就、物質豐盛、受他人尊重倚賴、影響力、為他人與社會創造價值、物質與精神世界平衡、公益慈善。 • 熱情：具有高度組織與策畫、創業、商業、心理洞察等類別。 理想生活樣貌：用智慧掌控成功，用力量影響世界，在物質與靈性之間創造平衡的和諧，帶來真正豐盛的流動。
9號人	命運數9號人是「人道主義者與精神啟發者」。 摘要：慈悲與大愛──追求理想與世界和平，從博愛、人道、同理中提取能量，善於以遠大視野、靈感啟發、藝術創意為武器，成為導師、賢者、療癒者與藝術家。 • 特質：同理心、多樣化視野、聰明、智慧、溫厚。 • 天賦：視野廣闊、統籌、領導、洞察力、藝術創意。 • 內在渴望：理想主義、愛與服務、靈性與智慧、服務奉獻、探索與創作、用智慧啟發與引領他人。 • 熱情：具有理想性、未來性、格局深遠、公眾事務、藝術。 理想生活樣貌：用愛擁抱世界的多樣性，用智慧點亮每一個生命的方向，在服務與奉獻中成就靈魂的圓滿。

✎「自我洞察地圖」線索掌握

◎ 人生這條旅程不外乎就是幾個問題串聯起來的:「我是誰?我要往哪去?我要如何去?」當我們能很清楚地回答這幾個問題,距離內在渴望的理想生活也就不遠了。

◎ 顯化理想生活三大原則:目標明確、持續專注、放鬆信任。

◎ 目標明確:當你的目標明確,也代表未來是明確的;如果未來目標模糊,可想而知未來大多也是模糊的。

◎ 持續專注:生命中很多不經意就完成的事情,往往來自於信念與當下不易覺察的默默累積。

◎ 放鬆信任:很多時候一件事情的成就需要一點時間,好好相信這個過程,信任一切的安排,終將迎來理想的樣貌與生活。

◎ 在自我洞察地圖中討論的「理想生活」概念,是藉由內在本質出發,透過做自己真正喜歡的事情,活出對生命的熱愛。無形之中也創造出獨特的自我價值,順從不同階段的渴望,逐步向外建構出理想生活的樣貌。

◎ 靜心向內探索,好好感受潛藏內心的深切熱愛。當你追尋心中的熱情時,一切自有因緣安排,一切的自由與豐盛也因內在真實的投射而來。

第八章

每段獨特生命的旅程都帶有使命意義，無論大小皆能影響世界

自我洞察階段❽：
向外活出「使命感」，勇於帶來正面影響，
賦予生命旅程更寬闊的意義

> **人生的意義在於「價值」，
> 不是你擁有什麼，而是給出了什麼**

　　活出內在深處自我的使命感，亦即自我洞察階段中第八大的重要歷程。我主持的Podcast「我會好好生活」有個職人100系列單元，邀請不同領域的職人分享他們活出真實自我的精采人生。節目最後會問：「如果這世界因為『你』而多了一點美好的意義，你會想帶來什麼意義？任何答案都可以。」因「你」的存在所帶來的美好意義，不僅滿足個人需求與成長，更大的意義是對他人、社會或世界產生正向積極的影響。

有許多印象深刻的回答：

「我想要成為一個自信的推廣者，我覺得台灣目前滿多男性朋友對自己比較沒自信，不管是不知道自己要穿什麼樣的衣服，又或者對於嘗試而感到卻步，我想做的事是鼓勵他們讓自己變帥、變自信，這件事情是可以被實現的。」

――潮流 Youtuber・阿鑫（頻道「阿鑫！今天拍什麼？」）

「我覺得現在大家都活得很正確很規矩，但這個世界需要有一個『野性的人，敢於追尋自己的渴望』。非典型的人出現了，我就是這樣的一個人。因為這樣的我活得比較快樂，也比較像自己。我不只想要讓自己快樂，我也希望讓大家知道，這樣的活法，也可以。我覺得這個『也可以』很重要。」

――人氣作家・曾彥菁

「我喜歡跟我舉辦月經讀書會的女生們說，你們可以幫我當成導遊，想像一下你們坐在一台遊覽車，前面有一個導遊跟你說，大家看左邊這是什麼，右邊這是什麼。其實導遊不是什麼重要的角色，重點是他們在這趟旅程的玩樂與獲得，而不在於導遊這個人。比較不一樣的是，我是透過一種比較好玩的方式帶你認識子宮的導遊，分享我的興趣與我看待這個世界的方式。如果說到帶來一點影響力的話，就像是一個導遊的角色，帶你來玩！」

――作家／月經讀書會創辦人／
Podcast《世代登出》共同主持人・高可芯

透過這個簡單的問題引發大家感受潛藏在心底深處的一種「使命感」，這樣的使命感也帶我們感受更多的生命價值。**使命感是來自於一個人在生命歷程中向內探索，對自己存在意義的理解，從自身本質出發，看到自身價值不僅存在於個人的成功，而是如何對他人、社會或世界產生積極影響。**如同英國大文豪莎士比亞說：「無論一個人的天賦如何優異，外表或內心如何美好，也必須在他的光輝照耀到他人身上發生了熱力，再由感受熱力的人，把那熱力反射到自己身上的時候，才能體會到他本身的價值。」

人生的意義在於價值，價值不是你擁有什麼，而是你給出了什麼。當我們開始理解什麼對於他人而言是非常重要的，而不是僅關心自己時，也就揭開生命更遠大的價值感。

使命感不是非做不可的責任，而是新的挑戰，激發潛能，突破限制，在「利他」中發掘更多才華。當我們把自己的眼光和格局提高時，會發現眼下的生命和這個世界比你想像的更美好。

使命也不一定是多偉大的行為或成就，僅是透過自我覺察，找到內在力量並影響他人，或是透過簡單的善意影響身邊的人。當我們能認同自身存在價值的那一刻，哪怕是微小的舉動，也能點亮你使命的光芒，成就生命的深遠意義。

使命 VS 使命感定義整理表

項目	使命	使命感
定義	一個人在人生中想要完成的目標、責任或任務,通常與靈魂天賦、熱情、價值觀、內在渴望或目的相關。	一種來自於內在的驅動力,促使我們為使命努力不懈。
表現	著重外在行動展現,指向具體的目標,專注有利於他人或外部世界的貢獻,帶來正向積極影響。	著重內在的感受,如動機、熱情和意志,是一種感情與意志層面的體驗。
重點	人生的目標與意義。 關注「我該做什麼」:專注於完成目標與外在貢獻。	對使命的情感投入與認同。 關注「我為什麼要做」:專注於內在意義與驅動力。
好處	✓提供清晰的長期目標與方向。 ✓面對困難不輕言放棄。 ✓創造對他人與外部世界實際貢獻與影響力。 ✓引領個人突破自我極限與實現更高層次目標與成就。	✓讓人生更有意義感和動力 ✓帶來積極心態面對挫折。 ✓提升自我價值感的認可。 ✓帶來內心幸福感與滿足感。 ✓提升自我認識,激發潛能,支持更全面的成長與進化。
比喻	使命,是人生的北極星,指引方向和終點。	使命感,是人生的燃料,提供持續前進的動力。
	使命是方向,使命感是燃料,兩者結合能幫助個人實現全方位的外在成就與內在滿足,進而點燃生命之火,讓生命充滿意義與精采。	

價值觀與使命的差別

- 價值觀是內在的「指南針」，反映一個人內在方向的指導原則，判斷事情對與錯、重要與優先順序的核心信念。
- 使命是引領的「北極星」，反映一個人內在更高層次的目標，更多聚焦於對他人或世界的貢獻，帶有外部影響力和意義。

自我洞察概念圖

使命是一種由本質出發所形塑的人生目標、責任或任務，專注於利他，為他人、社會或世界帶來正向積極的影響。因此，擁有使命感的人，能更加清晰地認識到自己的存在價值與生命意義的最大化。簡言之，使命就是你想成為怎樣的人。

人生不會只有一條路，使命也不會只有一項，當我們從本質出發，勇於相信、嘗試、挑戰與承擔，那個理想中的我們便會開始有更立體的樣子，也創造出更多不同面向且有力量的生存價值。

每個人的使命往往隱藏在生命的旅程中。人生的經歷、挑戰與成長，無不指引我們靠近那分獨特的內在召喚。使命不會突然發現，而是在探索、洞察內心的熱忱，產生利他意念和行為中逐漸浮現，成為下一段生命旅程的指引與力量。

外在世界

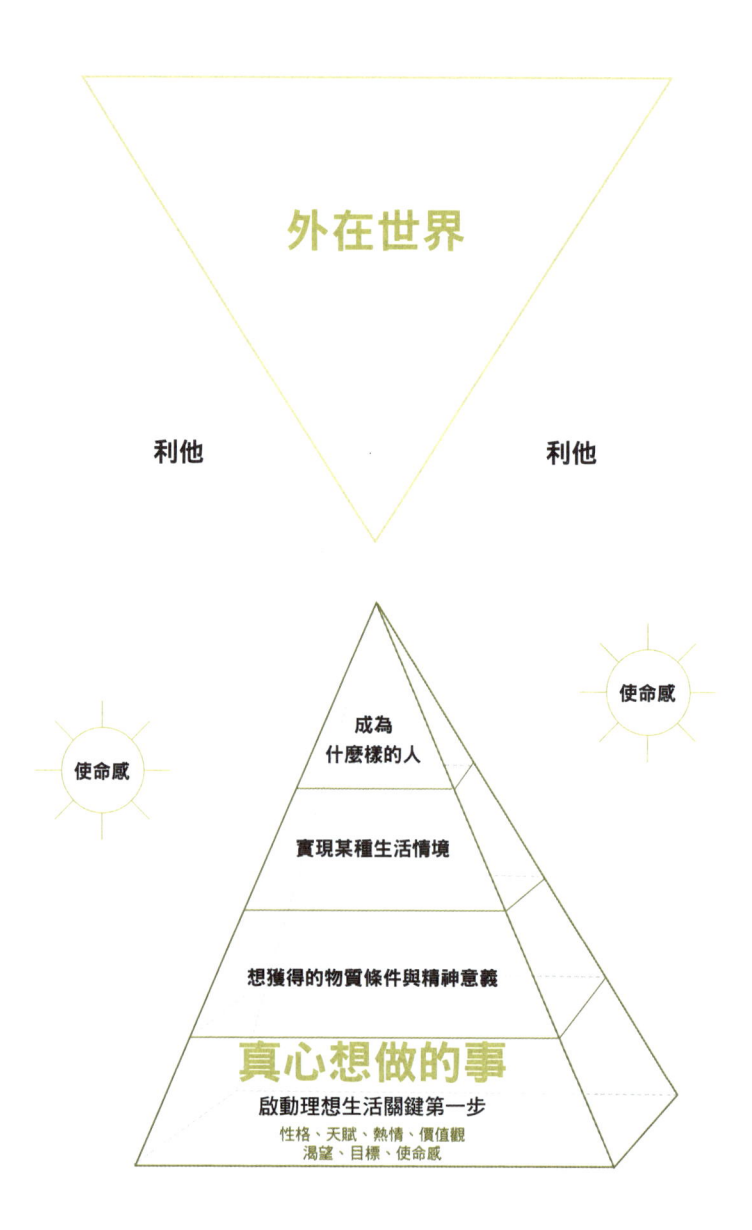

利他　　　　　　　利他

使命感　　　　　　使命感

成為
什麼樣的人

實現某種生活情境

想獲得的物質條件與精神意義

真心想做的事
啟動理想生活關鍵第一步
性格、天賦、熱情、價值觀
渴望、目標、使命感

向外活出「使命感」的實際練習

接下來透過三大面向:「個人試煉故事」、「熱情展現」、「志向抱負」,帶大家探尋與揭開使命意義的線索。

步驟一,從過去磨練歷程探索使命線索

尼采名言:「凡殺不死我的,必使我更強大。」生命中每一個發生都有意義,過去那些艱難時刻的背後原來帶著生命的禮物,關於靈魂的使命也藏在那些艱難體驗中。讓我們一起回憶過往那些曾經的艱難、挑戰,是否藏有著屬於你的獨特使命。

練習問題:

回想過往的人生歷程中,有什麼樣的經歷是讓你感到艱難、挫折,甚至是痛苦的。不管是童年、求學、工作、感情、婚姻、生子等皆可。

在這些經歷中,你有哪些體悟?這些體悟哪些對你來講很重要,影響你很深,甚至帶給你往後生命的正面意義與力量支持?

思考點：

- 如果沒有這些經歷，你的人生會缺少什麼？又為你帶來哪些理解？
- 挺過這些挑戰歷程，你覺得關鍵在於身上的哪些東西？
- 如果有一天可以透過你的故事背景，帶來一點意義，你會分享什麼？

以艾迪蘇為例

雖然高中、大學歷經成績挫敗，但未放棄自己或自我懷疑，反倒因為不服輸，越挫越勇。即使大學考了兩次轉學考，總算轉到心中的理想學校。

當時對自己的優勢和喜好還不清楚，選讀語文科系感到非常挫折，但仍試著感受和追尋對廣告業的興趣。因為敢於挑戰的精神，畢業後為自己再次創造生命的可能性。

體悟：
- 只要不放棄自己，生命就不會放棄你。
- 每個挫敗中，都藏有生命的力量。勇於嘗試挑戰，就會看見生命的奇蹟。
- 所有的幸運都不是巧合，而是你持續的揮棒。

> 練習

描述：

體悟：

步驟二，從熱情所在挖掘使命線索

　　尼采也相信是熱情造就了我們的自我，熱情是讓我們持續前進的動力。你要相信那些持續為人生帶來源源不絕精神活力的行為和活動，當中往往藏有生命更高層次的意義，仔細去探尋就能揭露使命的線索。

練習問題 1：

回想過去從事哪一類的事情、活動，會讓你感到興奮，擁有源源不絕的精神活力，甚至想了解更多相關事情？在這些展現熱情的時刻裡，什麼樣的情境讓你感受到成就感、滿足感？這些感受對你來講有什麼樣的意義？

以艾迪蘇為例

熱情領域：

自我理解領域相關工具學習（諸如：自我理解相關知識、色彩能量、生命靈數、催眠、紫微斗數、天使靈氣等）。

成就與滿足感：

支持他人喚醒內在力量與熱情。

練習

熱情領域：

成就與滿足感：

練習問題 2：

在這些展現熱情的時刻，你覺得你是誰？你是怎樣的存在？把自己形容成一個角色會是什麼？

以艾迪蘇為例

打開靈魂天賦的鑰匙。
心靈按摩師。

練習

步驟三，從志向抱負看見使命線索

蘋果電腦創辦人賈伯斯說過：「我想要在宇宙留下一道印記。」這句話是形塑使命的精髓，也是關於志向抱負。透過自我實現去體驗和成就的事，其中往往藏有引領我們的使命意義。試著練習以下情境問題，找出內在使命感。

練習問題：

想像一下，如果這世界因為「你」而多了一點美好的意義，你想帶來什麼意義？（這個意義無關乎大小，只要是因為你的存在而帶來的意義都可以，來自於你的特質、天賦、熱情、價值觀、理想、想法等皆可。）

以艾迪蘇為例

帶給這個世界一股溫柔和希望的力量，同時啟發更多人勇於探索、打破限制，並在體驗過程中活出獨特色彩的生命意義與價值！

| 練習 |

自我理解工具分享：透過「生命靈數_命運數」的線索，一起掌握活出真實自我的靈魂使命意義。

※ 關於生命靈數的說明與算法請參見 47～48 頁。

命運數	靈魂使命參考
1號人	1號人是充滿領導力與創造力的開創者,他們的成功關鍵在於學會平衡獨立性與團隊合作。這類人適合具有挑戰性和需要創新思維的領域,例如創業、領導角色或藝術創作。靈魂使命是成為引領變革的先鋒與領袖,透過個人勇敢力量與創新精神,帶領自己與他人走向新方向,以實現靈魂影響力。
2號人	2號人是和平的締造者與溫暖的支持者,他們的成功關鍵在於學會表達自己的需求,同時保持內外的平衡。他們適合需要協作、溝通和調解能力的角色,例如心理輔導、教育、談判或藝術設計。靈魂使命是透過自身溫暖的敏銳感受性與直覺性,帶來更深層次的人際連結,支持他人找到方向,帶動整體世界的連結與平衡。
3號人	3號人是天生的創造者和溝通者,他們的成功關鍵在於保持專注和持續性,避免陷入分心或過於表面化。他們適合藝術、媒體、演講、教育等需要創造力和表達能力的領域。靈魂使命是透過創意靈感和熱情激勵啟發他人,帶動他人找到生活中的快樂與意義,並用自己的方式為世界傳遞希望與正面影響力。
4號人	4號人是穩定與務實的建設者,他們的成功關鍵在於學會在追求穩定與安全的同時,適應變化與靈活性。他們適合需要規畫、建設和組織能力的領域,例如工程、建築、管理、財務等。靈魂使命是透過自身穩定與組織建構能量,為自己與他人打造穩定的基礎,成為秩序與可靠性的象徵,並激勵帶動周圍人穩步前進,實現長期目標。

5號人	5號人是天生的冒險者與改變者,他們的成功關鍵在於學會在追求自由與冒險的同時,找到內在穩定與持續成長的基礎。他們適合需要創新、靈活性與溝通能力的領域,例如創業、旅遊、教育、行銷、媒體等。靈魂使命是以冒險精神與豐富生命經歷與智慧啟發他人,打破限制、探索未知,在體驗中活出自我價值,並創造出更多可能性,成為世界上一種自由與自我成長的象徵典範。
6號人	6號人是愛的傳遞者與引導者,他們的成功關鍵在於學會平衡對他人與自己的關懷,避免過度犧牲自我或給予。他們適合需要關懷、創造美或提供引導支持的角色,例如心理諮詢、教育、藝術、設計或社會工作。靈魂使命是透過愛、關懷與引導,為他人和社群帶來和諧與幸福,成為生命中的支柱與美麗靈感來源,提升整體的幸福感與和諧感。
7號人	7號人是智慧的探索者與真理的指引者,他們的成功關鍵在於學會平衡內向與外向的生活,將內在的智慧帶入外在世界。他們適合需要深度思考與專業知識的領域,例如教育、哲學、研究、科技、心理學或靈性指導。靈魂使命是以內在智慧與洞察力啟發他人,支持他人靈性成長,幫助他人找到內心平靜與生命的方向與答案,同時為自己創造一個充滿智慧與意義的生命旅程。

8號人	8號人是成功的建設者與實現者,他們的成功關鍵在於學會平衡物質與靈性,避免陷入對權力或財富的過度追求。他們適合需要領導力、執行力、財務與商業能力的領域,例如企業管理、金融、法律、創業,心理等。靈魂使命是以自己的能力與資源創造正向積極影響力,促進個人、團體與社會的共同繁榮,成為力量與智慧的象徵與平衡物質與精神的橋梁。
9號人	9號人是世界大愛的守護者與服務者,他們的成功關鍵在於學會平衡內心的理想與現實的需求,並確保在奉獻他人時不忽略自身的成長與需求。他們適合公益、教育、醫療、藝術或靈性指導等需要影響力與服務精神的領域。靈魂使命是透過奉獻與服務,幫助他人實現靈魂的進化與生活的幸福,並為世界帶來愛與智慧,推動集體的進步與和諧,成為社會與靈魂成長的燈塔。

📖「自我洞察地圖」線索掌握

◎ 人生的意義在於「價值」,價值不是你擁有什麼,而是你給出了什麼。

◎ 使命是一個人在人生中想要完成的目標、責任或任務,通常與靈魂天賦、熱情、價值觀、內在渴望或目的相關。它專注於有利於他人或外部世界的貢獻,帶來正向積極的影響,引領個人突破自我極限與實現更高層次的目標與成就。

◎ 價值觀是內在的「指南針」,反映一個人內在方向的指導原則,判斷事情對錯、重要與優先順序的核心信念。

◎ 使命是引領的「北極星」,反映一個人內在更高層次的目標,聚焦於對他人或世界的貢獻,帶有外部影響力和意義。

◎ 生命旅程中,當我們把自己的眼光和格局放高,會發現眼下的生命和世界比你想像的更美好。

◎ 當我們能認同自身存在價值的那一刻,哪怕是微小的舉動,也能點亮你使命的光芒,成就生命的深遠意義。

第九章

在時間感模糊的時代，生活節奏感就是生命的指引

自我洞察階段❾：
自我實現三大習慣，由內而外打造理想生活

在新時代，現代人的生活時間感，已經不局限於過往傳統白天與黑夜的自然節奏，還多了一層由數位世界塑造的虛擬時間。這種時間感的出現，改變了我們對時間的認知和節奏，並對生活樣貌與身心狀態產生了舉足輕重的影響。生活中充斥著數位科技的連結與干擾，讓我們的注意力不斷被切割、碎片化，無形中似乎早已養成「隨時在線」的習慣，任何時刻都可能被一則訊息、一個通知打斷。再加上近年 AI 科技的爆炸性發展，比方 AI 能以極快的速度處理數據、完成任務等，又或者虛擬實境，讓人長時間沉浸在另一個空間，與現實的時間感斷裂。AI 推薦演算法（如社交媒體、影片平台）推送大量的個性化內容，讓人不知不覺消耗了數小時。AI 存在的即時性、虛擬性與無限性的選擇，反讓人們不知不覺感到更焦慮，對時間的感知與未來更加模糊。

當然在這世界上，每一個時間點的每一個發明，都滿足了某個時代的需求，甚至持續推動著文明的進步，但更迫切的是讓每個人重新思考自身的價值與生活的行為模式。如何在新時代模糊的時間感裡，找到自己獨有的生命節奏與價值，必然是各自的功課。**無論外在時間感如何變化，穩定的生活節奏與選擇，都將使生命的方向與價值更加清晰。生活的節奏感，就是你未來生命的指引。**

希臘哲學家亞里斯多德曾提出這樣的觀點：「我們是什麼樣的人，取決於我們重複做的事。因此，卓越不是一種行為，而是一種習慣。」這句話在我們身處的時代仍是重要的啟發，堅持的恆毅力與良好的習慣，無疑是達成卓越的關鍵。

回想 2020 年疫情開始一邊工作一邊斜槓，過程中逐步將自己擅長的事與熱情結合，更在 2024 年初勇敢地選擇創業。這段歷程看似只是**不斷追尋心中的熱愛，也慢慢活出現階段渴望的樣貌與生活**。相信我們所有的渴望都不是一蹴可及，需要堅持信念，並透過日復一日的持續努力和選擇慢慢構建出來。過程有激情也有挑戰，驅使我突破重圍的，正是那些持續的日常習慣。每一次的追尋與調整，讓我逐步實現理想的樣貌與生活。接下來想分享在這些循序漸進的日子裡培養出的三大習慣：「打造生活的節奏感」、「以終為始的藍圖思維」、「管理事情的輕重緩急」。

打造生活的節奏感

曾經有朋友問我如何一邊工作一邊活出自己心中的渴望？甚至哪來的時間可以同時做這麼多事情？其實關於活出自己，歸根究柢就兩件事：一勇於去想像，二不斷主動出擊。從想像力出發，不要緊抓著過去不放，也不要等待幸運降臨。要去創造你的幸運，不要找完美契合的，而是從感興趣的開始探索，然後不斷傾聽內在，努力靠近更真實、更有力量的自己。

如同前面提及，在資訊爆炸、干擾不斷的環境，要活出自己需有堅定的信念與目標固然為根本，但更重要的是透過「打造屬於自己的生活節奏感」，才能有效地讓我們穩定內心，並在喧囂中保持方向感與生活的品質。堅定的目標與信念就像指南針，幫助我們在迷霧中看清方向，不會輕易被外界的潮流或他人的期待牽制。目標與信念的本質較為抽象，因此，我們需要更具體的方式顯化它們，打造生活的節奏感便成為關鍵。第一個重點是釐清現實的狀態與需求，才能有效規畫時間及運用。

過去幾年我的正職在廣告公司，工作模式是責任制，整體時間與自由度相對彈性。但工作一整天下來，體力和專注力大幅降低，評估現實狀態後，我選擇養成更早起床，利用上班前的時間實踐目標。後來發現在家裡的效率不太好，轉至住家附近的咖啡店，就這樣每天運用上班前兩到三個小時，持續了幾年。這段期

間養成的節奏與習慣，無形中支持自己完成了不少事情。

其他瑣碎的時間運用，諸如午休、通勤、下班後，甚至假日等，我想每個人的時間運用與節奏不盡相同，也沒有標準答案，但是打造屬於自己生活的節奏感，第一步是評估當下的目標、狀態與需求。例如你的工作型態、你是晨型人還是夜貓子、哪個時間效率比較好、適合在什麼時間放鬆？

找到適合自己的節奏，過程也需要保持彈性，允許一些不可預見的變化，才能讓節奏感既穩定又不僵化。生活節奏，是有意識的掌控時間與能量。我們活在最便利也最複雜的時代，無可避免內心容易受影響，導致注意力分散、情緒波動，甚至較難有效完成真正重要的事情。正因如此，**擁有生活的節奏感，就如同於紛亂的時代，在心中找到一股穩定前行的力量**。保持穩定的節奏，定能在堅定的步伐中，走出自己的一片風景。

以終為始的藍圖思維

這幾年各種嘗試、興趣探索、熱情的形塑，不免面臨到各種挑戰，例如時間管理、目標管理、精力分配、對未知領域的探索，與各項知識、技能的學習等，過程中也越來越清楚自己的最終目標就是自我理解領域的創業。當開始有明確的目標後，也讓我在每個階段都更加明白，抵達終點前必須同步展開哪些準備與努

力。在經營自媒體的過程中，隨著自我理解的提升對應經營內容的聚焦，無形中帶動了社群的成長，收到各式合作邀約。但內心很清楚最終目標是什麼，不會為了短期利益而偏離初衷。只要與品牌核心價值或展現不符，我就不會嘗試。**以終為始和不脫離核心價值的選擇，可以幫助我們在迷霧中看清方向，專注於真正重要的事情。**

再者，有了以終為始的策略思維後，開始將長期目標拆解成各種短期任務。例如最終目標是在自我理解領域創業，從社群內容上經營的關聯性、Podcast 職人系列的內容設計，提供諸如靈性彩油、生命靈數、自我洞察等相關諮詢服務，不管是橫向與縱向經營的展開，都是緊扣「核心目標」，而不是隨意學習知識或經營關聯性不大的主題。**每一次的選擇都應回應核心目標，讓所有的努力與終點的藍圖緊密連結。**

以終為始的藍圖思維不僅是一種策略，更是一種讓內心堅定的心態與信念。它能幫助我們清晰地看見前方的目標，並以此為基準，制定切實可行的計畫，透過分解目標、聚焦行動、有效管理時間和資源，相信我們有能力可以在明確且穩定的路徑中逐步開展自己的理想藍圖，最終實現嚮往的自由與成就感。在活出自我的過程中，每一步都可能充滿挑戰，但只要秉持「以終為始」的清晰原則，相信我們更能抱著一顆快樂的心迎向挑戰，逐步邁向理想的樣貌與生活。

以終為始的藍圖思維架構

以艾迪蘇為例

練習

管理事情的輕重緩急

過往以上班族的角色一邊工作一邊斜槓，必須說是一項極具挑戰性的過程。畢竟每天的時間和精力有限，除了需要分配心思於本業的工作職責，在斜槓副業的時間分配和選擇，更直接影響副業是否能順利過渡為創業的關鍵。因此，斜槓副業的過程中，管理事情的輕重緩急顯得尤為重要。一直以來我有一項缺點就是容易太貪心，太多事情想做而同步進行，也因此常過度焦慮。

在這段自我成長的歷程中，我開始正視能力有限這件事。所謂的能力有限指的是，我們每個人一天就是二十四小時，扣除掉睡覺吃飯等時間，能運用的時間是這麼有限。當自己深刻認知到，如果要分心同時執行這麼多事情，相對的也會延遲抵達最終目的地。想到這點，就會再次提醒自己練習養成以下的習慣策略：

策略❶：優先處理真正重要的事

養成思考：重要的事必須與最終目標有關，執行的事項價值，有助於實現個人目標就是要事。若都是有助於目標達成的，就要去思考什麼是重要且緊急的，也就是要立即行動的核心任務，以免搞錯先後順序。

策略❷：每天只做三件最重要的事

每天制定三件最重要的事情，能迫使自己思考：「哪些任務是與長期目標最相關的？」有助於避免散漫的多任務處理，專注於核心目標的推進。這樣制定三個重點任務，不僅能簡化自己的日程，更減少在時間管理上的猶豫和焦慮，同時能感到滿足和成功，進而提高自信心和工作效率。

策略❸：善用週誌安排工作規畫

使用週誌可以為當週的任務安排與計畫做適度規畫，讓待辦事項依照優先級別一目了然，養成習慣後還能增加效率。我喜歡手寫，所以選擇週誌手冊，你也可以使用數位工具，如 Notion、Trello、Google Calendar。這樣不僅可以記錄自己的成長歷程，更能感受透過時間的累積，生活逐步變成了自己喜歡的樣貌。

✏️「自我洞察地圖」線索掌握

◎ 無論外在時間感如何變化，穩定的生活節奏與選擇，都將使你生命的方向與價值更加清晰。生活的節奏感，就是你未來生命的指引。

◎ 古希臘哲學家亞里斯多德曾提出這樣的觀點:「我們是什麼樣的人,取決於我們重複做的事。因此,卓越不是一種行為,而是一種習慣。」

◎ 關於活出自己,歸根究柢就兩件事:一是勇於去想像,二是不斷主動出擊。從想像力出發,不要緊抓著過去不放,也不要等待幸運降臨。去創造你的幸運,不要去找完美契合的,而是從感興趣的開始去探索,然後不斷傾聽內在,努力靠近更真實、更有力量的自己。

◎ 擁有生活的節奏感,就如同於紛亂的時代裡,在心中找到一股穩定前行的力量。

◎ 以終為始和不脫離核心價值的選擇,可以幫助我們在迷霧中看清方向,專注於真正重要的事情。

◎ 以終為始不僅是一種策略,更是一種讓內心堅定的心態與信念。

◎ 活出自我的過程中,每一步都可能充滿挑戰,但只要秉持以終為始的清晰原則,相信我們更能抱著一顆快樂的心迎向挑戰,逐步邁向理想的樣貌與生活。

第十章

AI 時代，成功屬於活出自我價值的人

自我洞察階段❿：
自我實現三大步驟，打造「有靈魂的個人品牌」，
綻放獨特價值，創造影響力！

擁有自我價值意識的人，才是人生的創造者

　　過去幾年，「個人品牌」成為一個熱門詞彙，許多人透過社群、自媒體、各類數位平台，塑造自己的個人品牌，找到潛在的發展性，創造出屬於自己的價值與影響力，甚至意想不到的職涯發展。然而，隨著進入 AI 時代，這股趨勢正發生劇烈變化，為個人品牌經營者帶來新的挑戰與機會。相信每個時代的發明都有其存在的價值與意義，正如馬斯克提及的以下幾句話。

- 「未來，AI 會做幾乎所有事情，但人類仍需要工作，因為人類需要『意義』。」他強調工作不僅是生存，而是給予人生意義。真正的價值來自於「你為何而做」，而非「做了多少」。

- 「AI 能比你聰明，但它無法成為你。」因為你的個性、熱情、靈魂深處的創造力，是 AI 無法模仿的。
- 「我們應該專注於創造 AI 無法提供的價值，而不是與它競爭。」你獨特的生命體驗與視角，才是世界最需要的。
- 「AI 能讓你更強大，但最終決定你成就的，是熱情與使命感。」因為技術只是工具，真正的價值來自於如何運用它自我實現。真正的影響力來自於你的靈魂如何發光。
- 「AI 會改變世界，但擁有自我價值意識的人，才是世界真正的創造者。」強調人類應專注於自我探索，發揮 AI 無法取代的獨特價值。同時，明白 AI 的發展並不會讓個人品牌消失，反而變得更重要。因為你的獨特性，才能真正被看見與記住，才真正擁有無可取代的影響力。

什麼是個人品牌？

個人品牌是你在人們心中建立的形象、價值與影響力，它不只是專業技能或社群形象，還是你在這世界留下的印記，讓人記住你、信任你，並願意與你建立連結。如果說企業品牌代表的是一家公司帶給市場的價值，那麼個人品牌代表的是你這個人帶給世界的價值與影響力。

個人品牌＝你的專業 + 你的價值觀 + 你的故事 + 你的影響力

當然，談到個人品牌經營，試著從品牌行銷角度切入思考，不單只是硬實力的技術層面，同時更涵蓋了軟實力在形象上的塑造與經營。需要兼具深度與廣度的思維，兩者缺一不可，也互為影響。**個人形象的塑造，來自於明確的定位，簡單來說就是「你要在哪一個領域占有一席之地」，或「你想成為哪一個領域的專家」**，如自我理解領域專家、蔬食餐飲界御用室內設計師、時尚插畫設計師等，從自己擅長的與優勢著手，才能建立起明確的定位與形象，不至於在市場模糊。經營個人品牌塑造形象上，行銷策略也十足重要，但關鍵性的影響是在這些外包裝底下的專業知識、技能，甚至是核心價值等，掌握這些根基才更有機會在競爭與資訊爆炸的時代裡勝出。

因此，在 AI 內容泛濫、個體競爭激烈的時代裡，想要脫穎而出，「品牌差異化」才是關鍵。如何從內在本質出發，展現帶有獨特的靈魂特質、觀點與故事，將使你塑造出更具鮮明與共鳴性的個人品牌，進而綻放人生。（＊這裡提及的內在本質，也是我們一路自我洞察討論的各大層面，例如性格特質、天賦、熱情、核心價值，甚至是靈魂使命等。）

接下來與大家分享如何透過三大步驟，打造有靈魂的個人品牌。

- 你如何運用你的天賦與專業？
- 你想要帶給世界什麼影響？
- 你的價值如何與人連結？

第一步，找出核心優勢，由內而外建立品牌

真正有影響力的個人品牌，始於你的內在核心，而不是外在趨勢。當品牌來自於你的天賦、熱情與專業，它將自然而然地延伸，而非刻意塑造的形象。天生我材必有用，相信每個人都有獨特的天賦與專業才能，這是你與眾不同的根本。首先，你必須透過深度的自我洞察，認識並挖掘自己最擅長、最熱愛的領域。

如何發掘核心優勢？

- **回顧你的核心性格特質**：性格決定一切，試著感受自己有哪些自然展現的特質，例如溫暖的、幽默的、很有行動力、勇敢的、敢挑戰、正向的、積極的。
- **確認你的天賦、技能與專長**：回想哪些事情是你做起來得心應手，例如口語表達順暢、有藝術天分、領導魅力、善於鼓舞與激勵他人等。列出你最能發揮的知識與技能，例如寫文案、喜歡做簡報設計、善於簡報報告、很會主持、很會畫畫

等，又或是專業能力，如行銷知識、社群經營等。
- **確立你的熱情領域和專業定位**：確定你想在哪個領域留下足跡，讓這份天賦成為個人品牌的基石。例如芭蕾舞蹈領域、企業顧問領域、經絡疏通領域、時尚媒體領域、室內設計領域、餐飲領域、玄學命理領域、身心靈領域、心理諮詢領域等。
- **思考你的靈魂獨特性**：市場上已有類似品牌的話，如何展現你的獨特性？個人品牌是為了呈現什麼樣的自己？如果你是心理諮商師，不只要提供諮詢，而是展現個人溫暖、激勵特質，在心靈療癒的氛圍下，幫助個人覺察並提供改變人生現狀的建議。假如你是室內設計師，不只是提供優質的設計，而要發揮個人細膩感受，透過空間呈現，述說品牌故事。

＊以上答案釐清，不妨回顧前面章節的自我洞察階段，透過反覆自問自答，深入理解自己。

真正有靈魂的個人品牌，不是刻意塑造出來的，而是來自於內在的天賦、熱情與專業的自然展現。當你清楚自己的核心優勢，找到最適合發揮的領域，並勇敢展現獨特性時，品牌將不再追趕市場趨勢，而成為市場上無法取代的存在。**你不是在創造品牌，而是在展現最真實的自己——當你找到熱愛並投入其中，價值自然會被看見。**

第二步,確立品牌使命,讓你的價值發光

個人品牌的價值來自於你開始「有意識地」希望因自己的存在與熱情,能為世界帶來一點獨特的改變。這步驟著重於明確的使命感與價值觀,並將其轉化為具體的影響力。**你的品牌不只是「你做了什麼」,更重要的是「你為何而做」。找到你的使命意義,讓品牌更具靈魂核心。**

如何確定你的核心價值與使命?

- **定義你的影響力**:思考你希望如何改變他人的狀態、生活或提升某個領域,可能是解決問題、啟發他人,或是推動變革等。例如我希望支持更多人看見自己的內在力量並活出熱情的人生、蔬食餐廳的老闆希望在大眾的日常生活中推動「Vegan」蔬食飲食的理念等。
- **價值宣言**:撰寫簡潔有力的個人品牌宣言,表達你的核心價值,例如「喚醒每個人的內在力量」、「成為飲食的新選擇」、「用音樂改變世界」等。

真正有靈魂的個人品牌,不僅僅是你做了什麼,而是關乎你如何在生活中帶來意義與影響力。當你確立個人品牌的使命,並賦予深層的價值意義,你的品牌將不再只是個人的名片,而是能成為啟發、影響,甚至改變他人的力量。**當你為品牌賦予獨特的使**

命意義,它不只是你的事業,而是一種價值的傳遞,相信世界也因你的存在而變得更美好。

第三步,建立影響力,創造更有溫度的連結

有靈魂的個人品牌,除了展現出獨特的價值之外,更重要的是創造有溫度的連結。在資訊爆炸的時代,數據與流量不代表真正的影響力,相信人們追隨的不是數字,而是與他們產生共鳴的價值。

如何讓品牌與人建立深度連結?

- **建立深度連結**:可以嘗試在線上建立社群、影音頻道、Podcast,或者透過舉辦線下活動、工作坊、讀書會等方式,與大眾創造更深度的交流。
- **持續輸出內容與價值**:保持內容輸出並與群眾互動,讓他們感受到你的真誠和專業,從而建立長期信任。當然在訊息傳遞上,可以依照個人的喜好與習慣,例如線上文章、影片、音檔,或線下講座等,持續傳遞你的理念、價值與影響力。
- **品牌影響力多元化的延伸**:發展多元的品牌表現方式,例如舉辦線上研討會、課程、合作講座、出版書籍等,讓你的影

響力不僅停留在個人形象,而能轉化為實際的社會價值。

真正的個人品牌影響力,不是讓更多人看到你,而是讓需要的人感受到你帶來的價值。個人品牌是一場自我實現的旅程。在打造有靈魂的個人品牌路上,核心不是為了追逐更多流量或收入,而是為了「活出真正的自己」,好好將獨特的天賦、專業與價值真實地呈現出來,進而帶來影響和啟發意義。相信當你清楚自己的「定位」,並透過持續的行動將內在的渴望轉化為外在的影響力,你的人生不僅會更有意義,也更能成為注定要實現的夢想。

✎「自我洞察地圖」線索掌握

◎ 未來,AI 會做幾乎所有事情,但人類仍需要工作,因為人類需要「意義」。

◎ AI 會改變世界,但擁有自我價值意識的人,才是世界真正的創造者。

◎ 個人品牌代表的是你這個人帶給世界的價值與影響力。個人品牌=你的專業+你的價值觀+你的故事+你的影響力。

◎ 個人形象的塑造,來自於明確的定位,簡單來說就是「你要在哪個領域占有一席之地」,或「你想成為哪個領域的專家」。

◎ 你不是在創造品牌，而是在展現最真實的自己 —— 當你找到熱愛並投入其中，價值自然會被看見。

◎ 當你為品牌賦予獨特的使命意義，它不只是你的事業，而是一種價值的傳遞，相信世界也因你的存在而變得更美好。

◎ 個人品牌是一場自我實現的旅程。在打造有靈魂的個人品牌路上，核心不是為了追逐更多流量或更多收入，而是為了「活出真正的自己」。

◎ 真正的個人品牌影響力，不是讓更多人看到你，而是讓需要的人感受到你帶來的價值。

◎ 當你清楚自己的「定位」，並透過持續的行動將內在的渴望轉化為外在的影響力，你的人生不僅會更有意義，也更能成為注定要實現的夢想。

後記

好好生活

如果你的腦海裡總是冒出「我可以嗎?我適合嗎?未來會怎麼樣?」這類問句,充滿懷疑、恐懼、不信任的心態,那麼你不是被世界困住,而是被自己困住了。你該做的,不是糾結於「可不可以」,而是問自己:「我要如何做到?」**用「How to」思維代替恐懼。**

想想那些真正活出力量的人,他們不是站在原地,反覆計算風險、演練可能性,而是早已經衝了出去,在行動的路上摸索、調整、進化,然後一步步靠近自己想要的生活狀態。

人生從來不是想清楚才去做,而是邊走邊理解,邊走邊創造,邊走邊修正,讓自己越來越像自己。沒有人能夠 100% 確定未來的方向,但那些活出自己的人,擁有的不是正確答案,而是 100% 的勇氣,甚至更多。

生命,從來沒有標準答案,也沒有唯一正確的劇本。所有的可能性,都在走著走著的過程中發生。所以,與其苦思未來,倒不

如邁開腳步。轉化你的思維,力量與奇蹟就會出現。

　　適合你的路,往往是走著走著就對了。**世界不是先給你確定性,而是先讓你踏出去,然後在路上,世界才慢慢為你鋪展可能性**。所以,動起來吧!願你好好生活。

note

note

note

note

note

www.booklife.com.tw　　　　　　　　　　　　　　reader@mail.eurasian.com.tw

自信人生 197

慢慢活成自己喜歡的樣子：走過十大自我洞察階段，活出豐盛的人生

作　　　者／艾迪蘇
發 行 人／簡志忠
出 版 者／方智出版社股份有限公司
地　　　址／臺北市南京東路四段50號6樓之1
電　　　話／（02）2579-6600・2579-8800・2570-3939
傳　　　真／（02）2579-0338・2577-3220・2570-3636
副 社 長／陳秋月
副總編輯／賴良珠
主　　　編／黃淑雲
責任編輯／胡靜佳
校　　　對／胡靜佳・林振宏
美術編輯／林雅錚
行銷企畫／陳禹伶・陳衍帆
印務統籌／劉鳳剛・高榮祥
監　　　印／高榮祥
排　　　版／杜易蓉
經 銷 商／叩應股份有限公司
郵撥帳號／18707239
法律顧問／圓神出版事業機構法律顧問　蕭雄淋律師
印　　　刷／祥峰印刷廠

2025年6月　初版
2025年7月　2刷

定價310元　　　ISBN 978-986-175-848-0　　　版權所有・翻印必究
◎本書如有缺頁、破損、裝訂錯誤，請寄回本公司調換　　　Printed in Taiwan

只要描摹「未來日記」,就能讓你開始關注一直存在著、只是自己沒有察覺的事情,和你所期待的世界。

——《3分鐘未來日記》

◆ 很喜歡這本書,很想要分享

圓神書活網線上提供團購優惠,
或洽讀者服務部 02-2579-6600。

◆ 美好生活的提案家,期待為你服務

圓神書活網 www.Booklife.com.tw
非會員歡迎體驗優惠,會員獨享累計福利!

國家圖書館出版品預行編目資料

慢慢活成自己喜歡的樣子:走過十大自我洞察階段,活出豐盛的人生/艾迪蘇 著 .-- 初版 .-- 台北市:方智出版社股份有限公司,2025.6

208面;14.8×20.8公分 -- (自信人生;197)

ISBN 978-986-175-848-0(平裝)

1.CST:生活指導 2.CST:自我實現
3.CST:自我肯定

177.2　　　　　　　　　　　　　114004433